四部要籍選刊　蔣鵬翔　主編

阮刻禮記注疏

九

（清）阮元　校刻

浙江大學出版社

本册目録（九）

附釋音禮記注疏卷第三十二

喪服小記第十五 ○陸曰鄭云以其記喪服之小義【疏】正義曰按鄭目録云喪服小記者以其記喪服之小義也此於別録屬喪服

禮記　鄭氏注　孔穎達疏

斬衰括髮以麻爲母括髮以麻免而以布母服輕至免可以布代麻也爲母又哭而免○衰七雷反下並同括古活反爲于僞反注及下注同免音汶篇內同齊衰惡笄以終喪笄所以卷髮帶所以持身也婦人質於喪所以自卷持者有除無變○齊音咨又作齋笄古兮反卷俱免反下皆同男子冠而婦人笄男子免而婦人髽其義爲男子則免爲婦人則髽別男女也○冠古亂反下同髽側巴反別彼列反下文有別注不服別畢別皆同【疏】斬衰至則髽○正義曰此一節論斬衰齊衰之

喪男女括髮免髽之異。斬衰者主人爲父之服也括髮者爲父未成服之前所服也禮親始死子布深衣去冠而猶有笄縰徒跣扱上衽至將小斂去笄縰著素冠視斂斂訖投冠而括髮括髮者鄭注喪服云括髮以麻者自項以前交於額上卻繞紒如著幓頭焉。爲母括髮以麻者爲母初喪至小斂後括髮與父禮同故亦云括髮以麻也。免而以布者此謂爲母與父異者也亦自小斂後而括髮至尸出堂子拜賓事之時猶與爲父不異至拜賓竟後子往即堂下之位時則異也若爲父此時猶括髮而踊襲絰帶以至大斂而成服若母喪於此時則不復括髮乃著布免踊而襲絰帶以至成服故云免而以布也。注母至而免。正義曰又哭是小斂拜賓竟後即堂下位哭踊時也故士喪禮云卒小斂主人髺髮袒此是初括髮哭踊之時也又云男女奉尸俠于堂訖主人降自西階東即位主人拜賓即位踊襲絰于序東復位此是又哭之節若爲父於此時猶括髮若爲母於此時以免代括髮故云爲母又哭而免。齊衰惡笄以終喪。此一經明齊衰婦人笄帶終喪無變之制。惡笄者榛木爲笄也婦人質笄以卷髮帶以持身於其自卷持者有除無變故要絰及笄不須更易至服竟一除故云惡笄以終喪。男子至則髽。此明男子婦人冠笄髽免相對之節但吉時男子首有吉冠則女首有吉笄是明男女首飾之異故云男子冠而婦人笄若親始死男去冠女則去笄若成服爲父男則六升布爲冠女則箭篠爲笄爲母男則七升布爲冠女則榛木爲笄故云男子冠而婦人笄也○男子免而婦人髽者吉時首飾既異今遭齊衰之喪首飾亦別當襲斂之節男子著免婦人著髽故云男子免而婦人髽免者鄭注士喪禮云以布廣一寸自項中而前交於額上卻繞紒也如著幓頭矣髽者形有多種有麻有布有露紒也其形有異同謂之髽也今辨男女並何時應著此免髽之服男子之免乃有兩時而唯一種婦人之髽則有三別其麻髽之形與括髮如一其著之以對男子括髮時也前云斬衰括髮以麻則婦人于時髽亦用麻也何以知然按喪服女子子在室爲父髽衰三年鄭玄云髽露紒也猶男子之括髮斬衰括髮以麻則髽亦用麻以麻者自項而前交於額上卻繞紒如著幓頭焉依如彼注既云猶男子括髮男子括髮先去冠繼用麻婦人亦去笄繼用麻故云猶也又同云用麻不辨括髮形異則知其形如一也以此證據則知有麻髽以對男括髮時也又知有布髽者按此云男子免對婦人髽男免既用布則婦人髽不容用麻也是知男子爲母免時則婦人布髽也又若成服後男或對賓必踊免則婦人理自布髽對之知有露紒髽者喪服傳云布總箭笄髽衰

三年明知此服並以三年三年之内男不恒免則婦人不用布髽故知恒露紒也故鄭注喪服云髽露紒也且喪服所明皆是成服後不論未成服麻布髽也何以然喪服既不論男子之括免則不容說女服之未成義也既言髽衰三年益知恒髽是露紒也又就齊衰輕期髽無麻布何以知然按檀弓南宫縚之妻之姑之喪夫子誨之髽曰爾無總總爾爾無扈扈爾是但戒其高大不云有麻布別物是知露紒悉名髽也又按奔喪云婦人奔喪東髽鄭云謂姑姊妹女子子也去纚大紒曰髽若如鄭旨既謂是姑姊妹女子子等還爲本親父母等唯云去纚大紒不言布麻當知期以下無麻布也然露紒恒居之髽則有笄何以知之按笄以對冠男在喪恒冠婦則恒笄也故喪服婦爲舅姑惡笄有首以髽鄭云言以髽則髽有著笄者明矣以兼此經注又知恒居笄而露紒髽也此三髽之殊是皇氏之說今考校以爲正有二髽一是斬衰麻髽二是齊衰布髽皆名露紒必知然者以喪服女子子在室爲父箭笄髽衰是斬衰之髽用麻鄭注以爲露紒明齊衰髽用布亦謂之露紒髽也○其義爲男子則免爲婦人則髽者庾蔚云喪服往往寄異以明義或疑免髽亦有其旨故解之以其義止於男子則免婦人則髽獨以別男女而已非別有義也賀瑒云男去冠猶婦人去笄義盡於此無復別義故

云其義也此經既論括髮免髽之異須顯所著之時崔氏云立義既載五服變除今要舉變除之吉凡親始死將三年者皆去冠笄纚如故十五升白布深衣祓上衽徒跣交手而哭故禮記問喪云親始死雞斯徒跣祓上衽又鄭注士喪禮云始死將斬衰者雞斯是也其婦人則去纚衣與男子同不徒跣不祓衽知不徒跣不祓衽者問喪文知去纚者鄭注士喪禮云始死婦人將斬衰者去纚知著白布深衣者曾子問云女改服布深衣縞總以趨喪鄭注云婦人始喪未成服之服其齊衰以下男子著素冠齊衰以下婦人骨笄而纚知者鄭注士喪禮文○男子婦人皆去屨無絇其服皆白布深衣知者鄭注喪服變除文○至死之明日士則死日襲明日小斂故士喪禮云小斂主人髻髮若大夫死之明日襲而括髮故鄭注喪服變除云尸襲去纚括髮在二日小斂之前是據大夫也大夫與士括髮於死者皆俱二日故鄭注問喪云二日去笄纚括髮通明大夫士也始死以後小斂之前大夫與士皆加素冠於笄纚之上故檀弓云叔孫武叔之母死既小斂舉者出戶出戶袒且投其冠括髮是素冠也以其始死哀甚未服分別尊卑故大夫與士其冠皆同也至小斂投冠括髮之後大夫加素弁士加素委貌故喪大記云君大夫之喪子弁絰又喪服變除云小斂之後大夫以上冠素弁士則素委貌其素弁素

冠皆加環絰故雜記云小斂環絰君大夫士一也鄭注云大夫以上素爵弁士素委貌是也凡括髮之後至大斂成服以來括髮不改故鄭注云士喪禮云自小斂以至大斂括髮不改但死之三日說髦之時以括髮因而壞損更正其括髮故士喪禮既殯說髦大記云小斂說髦括髮是正其故括髮也非更爲之但士之既殯諸侯小斂於死者皆三日說髦同也其齊衰以下男子於主人括髮之時則著免故士喪禮小斂主人髻髮衆主人免是也而喪服變除不杖齊衰條云襲尸之時云括髮者誤也其婦人將斬衰者於男子括髮之時則以麻爲髽故士喪禮云主人髻髮婦人髽于室其齊衰者於男子免時婦人則以布爲髽故此經云男子免而婦人髽是也其大功以下無髽也其服斂畢至成服以來白布深衣不改士死後二日襲帶絰故士喪禮小斂之前陳苴絰大鬲下本在左要絰小焉散帶垂長三尺牡麻絰亦散垂斂訖主人拜賓乃襲絰于序東既夕禮三日絞垂鄭注云成服日絞要絰之散垂者是主人及衆主人皆絞散垂此襲帶絰之屬數皆士之禮也其大夫以上成服與士不同其襲帶絰絞垂日或與士同或與士異無文以言之其斬衰男子括髮齊衰男子免皆謂喪之大事斂殯之時若其不當斂殯則大夫以上加素弁士加素冠皆於括髮之上天子七日成服諸侯五日

成服大夫士三日成服服之精麤及日月多少及葬之時節
皆具在喪服及禮文不能繁說其葬之時大夫及士男子散
帶婦人髽與未成服時同其服則如喪服故既夕禮云丈夫髽
髽散帶垂鄭注云爲將啓變也此互文以相見耳諸文言髽
見婦人也若天子諸侯則首服素弁以葛爲環經大夫則素
弁加環經士則素委貌加環經故下檀弓云弁經葛而葬鄭
注云接神不可以純凶天子諸侯變服而葬冠素弁以葛爲
環經是王侯與卿大夫士異也至既虞卒哭之時乃服變服
故鄭注喪服云天子諸侯卿大夫既虞士卒哭而受服其受
服之時首經要帶男子皆以葛易之齊斬之婦人則易首經
不易要帶大功小功婦人則易要帶爲葛雖受變麻爲葛卒
哭時亦未說麻至祔乃說麻服葛故士虞禮云婦人說首經
不說帶鄭云不說帶齊斬婦人也婦人少變而重帶大功小
功者葛帶時亦不說者未可以輕文變於主婦之質也至祔
葛帶以即位按文直云婦人不辨輕重故鄭爲此解其斬衰
至十三月練而除首經練冠素纓中衣黃裏縓爲領袖緣布
帶繩屨無絇若母三年者小祥亦然斬衰二十五月大祥朝
服縞冠故雜記云祥主人之除也於夕爲期朝服又喪服小
記云除成喪者其祭也朝服縞冠既祥乃服十五升布深衣
領緣皆以布縞冠素紕故閒傳云大祥素縞麻衣二十七月

而禫服玄冠玄衣黃裳而祭祭畢服朝服以黑經白緯爲冠
所謂纖冠而練纓吉屨踰月服吉間傳所謂禫而纖父沒爲
母與父同父在爲母十一月而練十三月而大祥十五月而
禫其服變除與父沒爲母同其不杖齊衰及大功以下服畢
皆初服朝服素冠踰月服吉也此皆崔氏準約
禮經及記而爲此說其有乖僻者今所不取

○苴杖竹也削杖桐也

疏 苴杖至桐也○正義曰此一經解喪
服苴杖削杖也然杖有苴削異者苴
者黯也夫至痛內結必形色外章心如斬斫故貌必蒼苴所
以衰裳絰杖俱備苴色也必用竹者以其體圓性貞履四時
不改明子爲父禮中痛極自然圓足有終身之痛故也故斷
而用之無所厭殺也○削杖者削殺也削奪其貌不使苴也
必用桐者明其外雖被削而心本同也且桐隨時凋落此
謂母喪示外被削殺服從時除而終身之心當與父同也○

祖父卒而后爲祖母後者三年 祖父在則其服
如父在爲母也

○苴七余反
削思略反

疏 祖父至三年○正義曰此一經論適孫承
重之服○祖父卒者謂適孫無父而爲祖
後祖父已卒今又遭祖母喪故云爲祖母後也事事得申如
父卒爲母故三年若祖父卒時父已先亡亦爲祖父三年若

祖卒時父在已雖爲祖期今父沒祖母亡時已亦爲祖母三年也○注祖父至母也○正義曰言亦謂無父者若父在則不然也

○爲父母長子稽顙喪尊者及正體不敢不盡禮○爲于僞反下爲夫注爲無後並同長丁丈反篇內並同稽音啓顙素黨反

大夫弔之雖緦必稽顙尊大夫不敢以輕待之

婦人爲夫與長子稽顙其餘則否恩殺於父母○殺所戒反徐所例反後文注同

【疏】爲父至則否○正義曰此一節論喪合稽顙之事各依文解之○爲父母長子稽顙者謂重服先稽顙而後拜者也父母長子並重故也其餘期以下先拜後稽顙也○大夫弔之雖緦必稽顙前文爲父母長子稽顙謂平等來弔故先稽顙而後拜若爲不杖齊衰以下則先拜賓後稽顙今大夫弔士雖是緦麻之親必亦先稽顙而後拜故皇氏載此稽顙謂先拜而後稽顙若平等相弔小功以下皆不先拜後稽顙若大夫來弔雖緦麻必爲之先拜而後稽顙今删定云小功以下不稽顙文無所出又此稽顙與上文稽顙是一何得將此爲先拜後稽顙其義非也○婦人爲夫與長子稽顙其餘則否亦先稽顙而後拜其餘否者謂父母也以受重他族其恩減殺於

父母也○男主必使同姓婦主必使異姓謂爲無主後者爲主也異姓同宗之婦也婦人外成疏男主至異姓○正義曰此一經論婦人外成之事庾氏云喪有男主以接男賓女主以接女賓若父母之喪則適子爲男主適婦爲女主也今或無適子適婦爲正主遣他人攝主若攝男主必使喪家同姓之男若攝婦主必使喪家異姓之女○注謂爲至外成正義曰知謂爲無主後者爲主也者以經云必使同姓必使異姓故知先無主後云異姓同宗之婦也者同宗謂喪家同宗其婦必與喪家異姓故云異姓同宗之婦云婦人外成者解婦主使異姓之意今與死者同姓婦人不得與喪家爲喪主以其外成適於他族故不得自與已同宗爲主此云異姓者與夫家爲異姓○

○爲父後者爲出母無服不敢以已私廢父所傳重之祭祀○爲出于僞反下注爲其族人爲其兄弟同傳丈專反下傳重皆同疏爲父至無服○正義曰此一經論適子承重不得爲出母著服之事出母謂母犯七出爲父所遣而母子至親義不可絶父若猶在子皆爲出母期若父沒後則適子一人不復爲母服所以然者已係嗣烝嘗不敢以私親廢先祖之祀故無服

○親親以

三爲五以五爲九上殺下殺旁殺而親畢矣

已上親父下親子三也以父親祖以子親孫五也以祖親高祖以孫親玄孫九也殺謂親益疏者服之則輕○已音紀○

【疏】親親至畢矣○正義曰此一經廣明五服之輕重隨人之親疏著服之節親親以三者以上親父下親子并已爲三故云親親以三爲五者又以父上親祖以子下親孫婦者三今加祖及孫故言五也以五爲九者已上祖下孫則是五也又以曾祖故親高祖曾孫故親玄孫上加曾高二祖下加曾玄兩孫以四籠五故爲九也然已上親父下親子合應云以一爲三而云以三爲五者父子一體無可分之義故相親之說不須分矣而分祖孫非已一體故有可分之義而親名著也又以祖親曾祖以孫親曾孫應云以五爲七今言九者曾祖曾孫爲情已遠非已一體所親故略其相親之旨也庾氏云由祖以親曾高二祖由孫以親曾玄二孫服之所同義由於此也○上殺者據已上服父祖而減殺故服父三年服祖減殺至期○以次減之應曾祖大功高祖小功而俱齊衰三月者但父祖及於已是同體之親故依次減殺曾祖高祖非已同體其恩已疏故略從齊衰三月曾高一等所以喪服注云重其衰麻尊尊也減其日月恩殺也不可以大功小功

旁親之服加至尊故皆服齊衰也○下殺者謂下於子孫而
減殺子服父三年父亦宜報服而父子首足不宜等衰故父
服子期也若正適傳重便得遂情故喪服云不敢降是也父
服子期孫卑理不得祖報故爲九月若傳重者亦服期也爲
孫既大功則曾孫宜五月但曾孫服曾祖正三月故曾祖報
亦一時也而曾祖是正尊自加齊衰服而曾孫正卑故正服
緦麻曾孫既緦麻三月玄孫理不容異且曾孫非已同體故
服不依次減殺略同三月○旁殺者世叔之屬是也父是至
尊故以三年若據祖期斷。則世叔宜九月而世叔是父一體
故加至期也從世叔既疏加所不及據期而殺是以五月族
世叔又疏一等故宜緦麻此外無服也此是發父而旁漸至
輕也又祖是父一體故加至期而祖之兄弟非已一體故加
亦不及據於期之斷殺便正五月族祖又疏一等故宜緦麻
此外無服是發祖而旁漸殺也又曾祖據期本應五月曾祖
之兄弟謂族曾祖既疏一等故宜三月也自此以外及高祖
之兄弟悉無服矣又至親期斷兄弟至親一體相爲而期同
堂兄弟疏於一等故九月從祖兄弟又疏一等故小功族之
昆弟又殺一等故宜三月此外無服是發兄弟而旁殺也又
父爲子期而。兄弟之子但宜九月而今亦期者父爲其子本
應報以三年特爲尊。是。故降至期而兄弟之子爲世叔本應

九月但言世叔與尊者一體而加至期世叔旁尊不得自比彼父祖之重無義相降故報兄弟子期且己與兄弟一體兄弟之子不宜隔異欲見猶子之義與己子等所以至期故檀弓云兄弟之子猶子也蓋引而進之是也又同堂兄弟之子服從伯叔無加則從伯叔亦正報五月也族兄弟之子又疏故宜緦耳此發子而旁殺也又孫服祖期祖尊故爲孫大功兄弟之孫服從祖五月故從祖報之小功也同堂兄弟之孫既疏爲之理自緦麻其外無服矣曾祖爲曾孫三月爲兄弟曾孫以無尊降之故亦爲三月○而親畢矣者結親親之義也始自父母終於族人故云親畢矣且五屬之親若同父則期同祖則大功同曾祖則小功同高祖則緦麻高祖外無服亦是畢也

○王者禘其祖之所自出以其祖配之禘大祭也始祖感天神靈而生祭天則以祖配之自外至者無主不上○王如字又于況反下同禘大計反而立四廟高祖以下與始祖而五○庶子王亦如之世子有廢疾不可立而庶子立其祭天立廟亦如世子之立也春秋時衛侯元有兄縶○兄縶知急反

【疏】王者至如之○正義曰此一節論王者庶子之郊天立廟與適子同之義各依文解之○王者

禘其祖之所自出者禘大祭也謂夏正郊天自從也王者夏正禘祭其先祖所從出之天若周之先祖出自靈威仰也以其祖配之者以其先祖配祭所出之天○而立四廟者既有配天始祖之廟而更立高祖以下四廟與始祖而五也○庶子王亦如之者天位尊重故雖庶子而爲王者則郊天立祀五廟事事亦如適子爲王也嫌其不得故特明之○注禘大至不上○正義曰禘大祭也爾雅釋天文云自外至者無主不上公羊宣三年傳文外至者天神也主者人祖也故祭以人祖配天神也○注世子至兄縶○正義曰以其庶子爲主明知世子有廢疾不可立也云春秋時衛侯元有兄縶者按昭七年左傳稱長子孟縶之足不良而立次子元元即衛靈公也

○別子爲祖諸侯之庶子別爲後世爲始祖也謂之別子者公子不得禰先君繼別爲宗別子之世長子爲其族人爲宗所謂百世不遷之宗繼禰者爲小宗別子庶子之長子爲其昆弟爲宗也謂之小宗者以其將遷也○禰乃禮反有五世而遷之宗其繼高祖者也謂小宗也小宗有四或繼高祖或繼曾祖或繼祖或繼禰皆至五世則遷是故祖遷於上宗

易於下尊祖故敬宗敬宗所以尊祖禰也宗者祖禰之正體

庶子不祭祖者明其宗也明其尊宗以爲本也禰則不祭矣言不祭祖者主謂宗子庶子俱爲適士得立祖禰廟者也凡正體在乎上者謂下正猶爲庶也○適丁歷反篇內同○

【疏】別子至宗也○正義曰此一節並論尊祖敬宗之義各依文解之○別子爲祖者謂諸侯適子之弟別於正適故稱別子也爲祖者別與後世爲始祖謂此別子子孫爲卿大夫立此別子爲始祖○注謂之至先君○正義曰鄭云此者決上文庶子王今諸侯庶子乃謂之別子是別爲始祖若稱庶子及公子若世子不立則庶子公子皆得有禰先君之義今言別子明適子在故云謂之別子者公子不得禰先君○繼別爲宗○謂別子之世世長子恒繼別子與族人爲百世不遷之大宗○繼禰者爲小宗○禰謂別子之庶子以庶子所生長子繼此庶子與兄弟爲小宗謂之小宗者以其五世則遷比大宗爲小故云小宗也○有五世而遷之宗其繼高祖者也○五世者謂上從高祖下至玄孫之子此玄孫之子則合遷徙不得與族人爲宗故云有五世則遷之宗其繼高祖者此五世合遷之宗是繼高祖者之子以其繼高祖之

身未滿五世而猶爲宗其繼高祖者之子則已滿五世禮合
遷從但記文要略唯云繼高祖其實是繼高祖者之子也○
注謂小至則遷○正義曰言或繼高祖或繼曾祖或繼祖或
繼禰者以別子之後族人衆多或有繼高祖者與三從兄弟
爲宗或有繼曾祖者與再從兄弟爲宗或有繼祖者與同堂
兄弟爲宗或有繼禰者與親兄弟爲宗不廢族人一身凡事
四宗事親兄弟之適是繼禰小宗也事同堂兄弟之適是繼
祖小宗也事再從兄弟之適是繼曾祖小宗也事三從兄弟
之適是繼高祖小宗也於族人唯一俱時事四小宗兼大宗
爲五也又云皆至五世則遷者繼高祖者至子五世繼曾祖
者至孫五世繼祖者至曾孫五世繼禰者至玄孫五世也是
皆五世不復與四從兄弟爲宗故云皆至五世則遷各自隨
近相宗然則小宗所繼非一前文獨云繼禰者爲小宗雖四
初皆繼禰爲始據初爲元故特云繼禰也○是故至禰也○
四世之時尚事高祖至五世之時謂高祖之父不爲加服是
祖遷於上四世之時仍宗三從族人至五世不復宗四從族
人各自隨近爲宗是宗易於下宗是先祖正體所以尊祖故
敬宗更覆說云敬宗所以尊祖禰覆結尊祖之文也○庶子
不祭祖者明其宗也○此猶尊宗之義也庶子適子俱是人
子並宜供養而適子烝嘗庶子獨不祭者正是推本崇適明

有所宗故云明其宗也○注禰則至庶也○正義曰鄭據子名對父此言庶子則是父庶父庶即不得祭父何假言祖故云禰則不祭也而記不應言不祭祖祖是對孫今既云庶子不祭祖故知是宗子庶子俱爲適士適士得立二廟自禰及祖是適宗子得立祖廟祭之而已是祖庶雖俱爲適士得自立禰廟而不得立祖廟祭之故云庶子不祭祖云凡正體在乎上者謂下正猶爲庶也者解所以謂禰適爲庶子之義也正體謂祖之適也下正謂禰之適也雖正爲禰適而於祖猶爲庶故禰適謂之庶也五宗悉然

庶子不爲長子斬不繼祖與禰故也

尊先祖之正體不二其統也言不繼祖禰則長子不必五世○爲于僞反下注爲君母自爲已同

疏 庶子至故也○正義曰此亦尊宗之義也然此所明與喪服中義同而語異也喪服明父是適爲長子斬此明父是庶子不得爲長子服斬者也是互相明也但經記文混正不知幾世之適得遂茲極服馬季長注喪服云此爲五世之適父乃爲之斬也而鄭注此云言不繼祖禰則長子不必五世矣庾氏云用恩則禰重用義則祖重父之與祖各有一重故至已承二重而爲長子斬若不繼祖則不爲長子斬也如庾氏此言則父適二世承重則得爲長子三年也而鄭不明言世數

者鄭是馬季長弟子不欲正言相非故依違而言曰不必也然孫系於祖乃爲長子三年而此不云庶孫不得爲長子必云庶子者孫語通遠嫌或多世今欲明比祖非遠故言子以示近既義須繼禰言不繼祖自足又曰與禰者庾氏云若直云不繼祖恐人謂據庶子長子死者之身不繼祖故更言不繼祖與禰欲明死者之父不繼祖與禰非據死者之身鄭注喪服云此言爲父後者然後爲長子三年則是父之適子即得爲長子三年此經云必爲父適祖適乃得爲長子斬者但禮有適子者無適孫雖已是祖正若父猶在則已未成適未成適則不得重長重長必是父沒後者故云爲父後者然後爲長子三年也然已身雖是祖庶而是父適則應立廟立廟則已長子傳重當祭而不爲斬者以是祖庶厭降故不敢服斬且死者其父見在父自供祭然禮爲後者有四條皆不爲斬何者有體而不正有正而不體有傳重而非正體有正體而不傳重是也體而不正庶子爲後是也正而不體適孫爲後是也傳重非正體庶孫爲後是也正體不傳重適子有廢疾不立是也四者皆期悉不得斬也唯正體又傳重者乃極服耳

庶子不祭殤與無後者殤與無後者從祖祔食不祭殤者父之庶也不祭無後者祖之庶

也此二者當從祖祔食而已不祭祖無所食之也共其牲物而宗子主其禮焉祖庶之殤則自祭之凡所祭殤者唯適子耳無後者謂昆弟諸父也宗子之諸父無後者爲墠祭之○殤音傷祔音附食音嗣共音恭墠音善徐徒丹反○

疏 庶子至祔食○正義曰此事與曾子問中義同而語異也曾子問中是明宗子所得祭就宗子之家宗子主其禮今此所言是庶子不得在當家祭者也○庶子者謂父庶及祖庶也殤者未成人而死者也無後謂成人未昏或已娶無子而死者不得祭殤者謂父庶也不祭無後者謂祖庶也○殤與無後者從祖祔食者解庶所以不自祭義也已不得祭父祖而以此諸親皆各從其祖祔食祖廟在宗子之家故已不得自祭之也○注不祭至祭之○正義曰云不祭殤者父之庶者謂已是父之庶子及餘兄弟亦是父之庶子庶子所生之適子爲殤而死者不得自祭之以其已是父庶不合立父廟故不得自祭其子殤也殤尚不祭成人無後不祭可知云不祭無後者祖之庶也者已是祖庶不合立祖廟故兄弟無後者不得祭之已若是曾祖之庶亦不得祭諸父無後者諸父無後當於曾祖之廟而祭已是曾祖庶不合立曾祖之廟故不祭之此直云祖之庶不云曾祖之庶者言祖兼曾祖也此無後者身並是庶若在殤而死則不合祭也云此二

者當從祖祔食而已不祭祖無所食之也者一是殤二是無後此二者當從死者之祖而附食祖廟在宗子之家故已不得祭祖無所食以私家不合祭祖無處食之也云共其牲物而宗子主其禮焉者謂殤者之親共其牲物而宗子直掌其禮庾氏云此殤與無後者所祭之時非唯一度四時隨宗子之家而祭也但牲牢不得同於宗子祭享之禮故曾子問注云凡殤特豚其義具曾子問疏云祖庶之殤則自祭之者已於祖爲庶故謂己子爲祖庶之殤己是父適得立父廟故自祭子殤在於父廟也云無後者謂昆弟諸父也者昆弟不謂己之昆弟已是祖庶祭無後昆弟當就祖廟已無祖廟故不祭無後昆弟云諸父也者已是曾祖之庶祭諸父當於曾祖之廟已無曾祖之廟故不祭無後諸父云宗子之諸父無後者爲墠祭之者宗子合祭諸父諸父當於宗子曾祖之廟宗子是士唯有祖禰二廟無曾祖廟故諸父無後者爲墠祭之若宗子爲大夫得立曾祖廟者則祭之於曾祖廟不於墠也若宗子有太祖者不立曾祖廟亦祭之於墠按祭法云先壇後墠今祭之墠者皇氏云以其無後賤之故於墠也

○**庶子不祭禰者明其宗也**謂宗子庶子俱爲下士得立禰廟也雖庶人亦然

（疏）庶子至宗也○正義曰解庶所以不祭殤義也禰適

故得立禰廟故祭禰禰庶不得立禰廟故不得祭其禰明其有所宗既無禰廟故不得祭子殤也○注謂宗至亦然○正義曰前文云不祭祖以有祖廟故注云宗子庶子俱爲適士此文云不祭禰唯有禰廟故注云宗子庶子俱爲下士若庶子是下士宗子是庶人此下士立廟於宗子之家庶子共其牲物宗子主其禮雖庶人是有祭義若宗子爲下士是宗子自祭之庶子不得祭也

○親親尊尊長長男女之有別人道之大者也言服之所以隆殺疏親親至者也○正義曰此一經論服之降殺之義親親謂父母也尊尊謂祖及曾祖高祖也長長謂兄及旁親也不言卑幼舉尊長則卑幼可知也男女之有別者若爲父斬爲母齊衰姑姊妹在室期出嫁大功爲夫斬爲妻期之屬是男女之有別也○人道之大者也言此親親尊尊長長男女有別人間道理最大者皇氏云親親結上以三爲五尊結上王者禘其祖之所自出長長結上庶子不祭祖按鄭注云言服之所以降殺爲服發文記者别言其事非是結成○從上義上文自論尊祖敬宗不論服之降殺皇氏説非也

服者所從亡則已謂若爲君母之父母昆弟從母也○巳音以屬從者

所從雖沒也服謂若自爲己之母黨

妾從女君而出則不爲女君之子服妾爲女君之黨服得與女君同而今俱女君猶爲子期妾於義絕無施服○則不爲于偽反注妾爲猶爲皆同期音朞下文及注不及期皆同施以鼓反

〔疏〕從服至子服正義曰此一節論從服之事各依文解之○從服者按服術有六其一是徒從者徒空也與彼非親屬空從此而服彼徒中有四一是妾爲女君之黨二是子從母服於母之君母三是妾子爲君母之黨四是臣從君而服君之黨就此四徒之中而一徒所從雖亡則猶服如女君雖沒妾猶服女君之黨其餘三徒則所從亡而已謂君母死則妾子不復服君母之黨及母亡則子不復服母之君母又君亡則臣不服君黨親也其中又有妾攝女君爲女君黨各有義故也今上云所從亡則已止也止謂徒從亡則止而不服者○注謂若至母也○正義曰鄭此謂略舉一隅也○屬從者所從雖沒也服此明屬從也屬者骨血連續以爲親也亦有三一是子從母服母之黨二是妻從夫服夫之黨三是夫從妻服妻之黨此三從雖沒猶從之服其親也注特云謂若自爲己之母黨者亦舉一隅也○妾從女君而出則不爲女君之子服○妾服女君之子皆

與女君同此云從而出謂姪娣也姪娣從女君而入若女君犯七出則姪娣亦從而出母自爲子猶期姪娣不復服出女君之子已義絕故也

○禮不王不禘禘謂祭天

疏禮不王不禘○正義曰此一節論王者郊天之事王謂天子也禘謂郊天也禮唯天子得郊天諸侯以下否故云禮不王不禘此經上下皆論服制記者亂録不禘之事厠在其間無義例也以承上文王者禘其祖之所自出故知謂郊天也非祭昊天之禘也

○世子不降妻之父母其爲妻也與大夫之適子同世子天子諸侯之適子也不降妻之父母爲妻故親之也爲妻亦齊衰不杖杖者君爲之主子不得伸也主言與大夫之適子同據服之成文也本所以正見父在爲妻不杖於大夫之適子者明大夫以上雖尊猶爲適婦爲主○其爲妻于僞反注爲妻猶爲皆同伸音申正見賢遍反以上時掌反凡以上皆同

○父爲士子爲天子諸侯則祭以天子諸侯其尸服以士服祭以天子諸侯養以子道也尸服士服父本無爵子不敢以己爵加之嫌於卑之○養以尚反父爲天子諸侯

子爲士祭以士其尸服以士服謂父以罪誅尸服以士服不成爲君也天子之子當封爲王者後以祀其受命之祖云爲士則擇其宗之賢者若微子者不必封其子爲王者後及所立爲諸侯者祀其先君以禮卒者尸服天子諸侯之服如遂世無所封立則尸也祭也皆如士不敢僭用尊者衣物

〔疏〕子至士服○正義曰世子不降妻之父母者世子謂天子諸侯之適子與君連體故不降妻之父母親親之故也○其爲妻也與大夫之適子同者世子既不降妻之父母其爲妻也亦不降與大夫之適子爲妻同也○注世子至爲主○正義曰知世子是天子諸侯之適子者以其春秋王與諸侯適子皆稱世子云爲妻亦齊衰不杖者君爲之主子不得伸也者言世子爲妻亦齊衰不杖亦者亦如大夫之適子爲妻知齊衰不杖者以喪服齊衰不杖者稱大夫適子爲妻○故知齊衰不杖所以不杖者父爲主其子不得伸今世子爲妻亦不杖故云君爲主子不得伸也云主言與大夫二適子同據服之成文也者此解經所以言世子與大夫適子同齊衰以大夫適子喪服齊衰不杖有成文故云據。服之或文也云本所以正見父在爲妻不杖於大夫適子者明大夫以上雖尊猶爲適婦爲主者言本主謂喪服本文也喪服若舉世子爲妻嫌

大夫以下有降喪服若舉士子爲妻其士既職卑本無降理
大夫是尊降之首恐其爲適婦而降故特顯之○注祭以至
卑之○正義曰云尸服士服者謂尸服玄端若君之先祖爲
士大夫則服助祭之服故曾子問云尸弁冕而出是爲君尸
有著弁者有著冕者若爲先君士尸則著爵弁若爲先君大
夫尸則著玄冕是也若大夫士之尸則服家祭之服故鄭注
士虞記尸服卒者之上服士玄端是也○注謂父至衣物○
正義曰知謂父以罪誅者以其尸服士服故也以其嘗爲天
子諸侯不可以庶人之禮待之士是爵之最卑故服其士服
云若微子者不必封其子者按尚書序云成王既黜殷命殺
武庚命微子啓代殷後是擇其賢者不立封紂子是也云祀
其先君以禮卒者尸服天子諸侯之服者按左傳云宋祖帝
乙帝乙是以禮卒者而宋祀以爲祖
明其服天子之服推此則諸侯亦然○婦當喪而出則
除之爲父母喪未練而出則三年既練而出
則已未練而反則期既練而反則遂之當喪當舅姑之
喪也出除喪絕族也○爲于偽反下文不爲注不相爲同
疏 婦當至遂之○正義曰此一經明婦人遭喪出入之

節當喪而出者謂正當舅姑之服時被夫遣出者也恩情既離故出即除服也○爲父母喪未練而出則三年者謂妻自有父母喪時也女出嫁爲父母期若父母喪未小祥而妻被夫遣歸值兄弟之小祥則隨兄弟服三年之受既已絕夫族故其情更隆於父母也故云則三年既練而出則已者已止也若父母喪已小祥而女被遣其期服已除今歸雖在三年內則止不更反服也所以然者若反本服須隨兄弟之節兄弟小祥之後無服變節故女遂止也○未練而反則期者此謂先有父母喪而爲夫所出今喪猶未小祥而夫命已反則還夫家至小祥而除是依期服也○既練而反則遂之者若被遣之還家已隨兄弟小祥服三年之受而夫反命之則猶遂三年乃除隨兄弟故也

○再期之喪三年也期之喪二年也九月七月之喪三時也五月之喪二時也三月之喪一時也言喪之節應歲時之氣○應應對之應故期而祭禮也期而除喪道也祭不爲除喪也此謂練祭也禮正月存親親亡至今而期期則宜祭期天道一變哀惻之情益衰衰

則宜除不相爲也○衰衰麤色追反下麤衰同三年而后葬者必再祭其祭之間不同時而除喪再祭練祥也間不同時者當異月也旣祔明月練而祭又明月祥而祭必異月者以葬與練祥本異歲宜異時也而除喪已祥則除不禫○禫大感反大功者主人之喪有三年者則必爲之再祭朋友虞祔而已謂死者之從父昆弟來爲喪主有三年者謂妻若子幼少大功爲之再祭則小功緦麻爲之練祭可也○必爲于僞反注爲之下注父爲之下爲君皆同少詩照反士妾有子而爲之緦無子則已士卑妾無男女則不服不別貴賤

疏再期至喪也○正義曰此一節揔明遭喪時節除降之義故期而祭禮也者孝子之喪親應歲時之氣歲序改易隨時悽感故一期而爲練祭是孝子存親之心故云禮也言於禮當然○期而除喪道也者言親終一期天道改變哀情益衰而除說其喪天道當然故云道也○祭不爲除喪也者言爲此練祭自爲存念其親不爲除喪而設除喪祭自爲天道感殺不爲存親兩事雖同一時不相爲也故云

祭不爲除喪也此除喪謂練時除喪也男子除首絰女子除
要帶與小祥祭同時不相爲也若至大祥除喪此除喪亦兼
之也大祥祭除喪亦與大祥同日不相爲元意各別也但祭
爲存親除喪爲天道之變庾氏賀氏並云祭爲存親幽隱難
知除喪事顯其理易識恐人疑之祭爲除喪而祭故記者特
明之云祭不爲除喪也然祭雖不爲除喪除喪與祭同時揔
而言之練祭祥祭亦名除喪也故下文云三年而后葬者必
再祭其祭之間不同時而除喪也又云除成喪者朝服縞冠
是練祥之祭揔名除喪○注禮正至爲也○正義曰按莊元
年三月夫人孫于齊公羊傳云其言孫于齊何念母也正月
以存君念母以首事是也○三年至除喪○此謂身有事故
不得及時而葬故三年而後始葬必再祭者謂練祥祭也既
三年未葬尸柩尚存雖當練祥之月不可除親服故三年葬
後必爲此練祥○其祭之間不同時者練之與祥本是別年
別月今雖三年之後不可同一時而祭當前月練後月祥故
云不同時於練祥之時而除喪謂練時男子除首絰婦人除
要帶祥時除衰杖注再祭至不禫○正義曰知再祭練祥者
下云主人之喪有三年者則必爲之再祭朋友虞祔而已再
祭非虞祔又雜記云三年之喪則既穎其練祥皆行故知再
祭謂練祥也云既祔明月練而祭又明月祥而祭者如鄭此

言則虞祔依常禮也必知虞祔依常禮者以經云必再祭恐不爲練祥故特云必再祭明虞祔依常禮可知云已祥則除不禫者以經直云必再祭故知不禫禫者本爲思念情深不忍頓除故有禫也今旣三年始葬哀情已極故不禫也。大功至而已。此明爲人主喪法也大功從父兄弟也主人之喪者謂死者無近親而從父昆弟爲之主喪故云主人喪也有三年者謂死者有妻若子妻不可爲主而子猶幼少未能爲主故大功者主之爲之練祥再祭。朋友虞祔而已者朋友疏於大功不能爲練祥但爲之虞祔而已。然則大功尙爲練祥則虞祔亦爲之可知。注大功至可也。正義曰親重者爲之遠祭親輕者爲之近祭故大功爲之祥及練小功緦麻爲之練朋友但爲之虞祔也皇氏云死者有三年之親大功主者爲之練祥若死者有期親則大功主者爲之至練若死者但有大功則大功主者至期小功緦麻至祔若又無期則各依服月數而止。故雜記云凡主兄弟之喪雖疏亦虞之謂無三年及期者也。注士卑至貴賤。正義曰云不別貴賤者大夫貴妾雖無子猶服之故喪服云大夫爲貴妾緦是别貴賤也士妾賤士妾無子則不服不殊别妾之貴賤

生不及祖父母諸父昆弟而父稅喪已則否謂子

生於外者也父以他故居異邦而生已已不及此親存時歸見之今其死於喪服年月已過乃聞之父爲之服已則否者不責非時之恩於人所不能也當其時則服稅讀如無禮則稅之稅稅喪者喪與服不相當之言。說喪皇他活反徐他外反注及下同爲君之父母妻長子君已除喪而后聞喪則不稅臣之恩輕也謂卿大夫出聘問以他故久留降而在緦小功者則稅之謂正親在齊衰大功者。親緦小功不稅矣曾子問曰小功不稅則是遠兄弟終無服也此句補脫誤在是宜承父稅喪已則否。補稅音奪近臣君服斯服矣其餘從而服不從而稅謂君出朝覲不時反而不知喪者近臣閽寺之屬也其餘羣介行人宰史也。朝直遙反閽音昏介音界君雖未知喪臣服已從服者所從雖在外自若服也

【疏】生不至不稅。正義曰此一節明稅服之禮。生不及祖父母諸父昆弟者鄭意云謂父先本國有此諸親後或隨宦出遊居於他國更取而生此子此子生則不及歸與本國祖父以下諸親相識故云不及謂不及歸見也而父稅

喪已則否者若此謂親死道路既遠喪年限已竟而始方聞父則稅之稅之謂追服也父雖追服而此子否故云已則否也所以否者鄭言不責非時之恩於人所不能也若時年未竟則稅服其全服然已在他國後生得本國有弟者謂假令父後又適他國更取所生之子則爲已弟故有弟也王云以爲計已之生不及此親之存則不稅若此親未亡之前而已生則稅之也又謂昆弟爲諸父之昆弟也劉知蔡謨等解生義與王同而以弟爲衍字庾氏以爲已謂死者爲昆則謂已爲弟已不能稅昆則昆亦不能稅已昆弟尚不能相稅則餘疏者不稅可知也此等並非鄭義今所不取。注當其至之言。正義曰知當其時則服者以稅是不相當之言若服末除則猶是服內服故知則服謂服其全服按禮論云有服其喪服者庾氏以爲非也云稅讀如無禮則稅之稅者按左傳僖三十三年秦師襲鄭過周北門超乘者三百人王孫滿尚幼觀之言於王曰秦師輕而無禮必敗輕則寡謀無禮則稅个讀從之也云稅喪者喪與服不相當之言者稅是輕稅或前後不與正時相當故云稅也。降而在緦小功者則稅之此句廣釋檀弓中曾子所説也曾子所云小功不稅是正小功耳若本大功以上降而在緦小功者則爲稅之本情重故也。注此句至則否。正義曰鄭玄此云一則爲此句應連親屬之下不應孤在君服中央也二則若此諸父昆弟在下爲殤死者則父亦稅之故知宜承父稅喪已則否之下也。爲君至服已。正義曰此一節明臣爲君親稅之與否今各依文解之。爲君之父母者此謂臣出聘不在而君諸親喪而臣後方聞其喪時若君未除則從君服之若君已除則臣不稅之所以然者恩輕故也。近臣君服斯服矣者此明臣獨行不稅此明賤臣從君出朝覲在外或遇險阻不時反國比反而君有親喪君自稅之而臣之卑近者則從君服之非稅義也其餘爲臣之貴者羣介行人宰史之屬若君親服限未除而君既服之則臣下亦從而服之也若限已竟而君稅之此臣不從君而稅。君雖未知喪臣服已者此謂君出而臣不隨君而君之親於本國內喪君雖未知而在國之臣即服之也嫌從君之未服臣不先服故明得先服也。注從服至服也。正義曰若如也謂自如尋常依限著服也凡從服者悉然

也

附釋音禮記注疏卷第三十二

禮記注疏卷三十二挍勘記　阮元撰盧宣旬摘錄

附釋音禮記注疏卷第三十二 惠棟挍宋本禮記正義卷第四十二

喪服小記第十五

斬衰括髮節

齊衰惡笄以終喪 閩監毛本同石經同岳本同嘉靖本同衛氏集說同考文引古本足利本齊衰下有帶字段玉裁挍本云惡笄下應有帶字按注云笄所以卷髮帶所以持身先釋笄後釋帶是脫帶字不當在惡笄上正義亦云此一經明齊衰婦人笄帶終喪無變之制亦先言笄後言帶是皆惡笄下應有帶字之確證段玉裁是也正義出經文此句二見並脫帶字亦當補○按段玉裁又云儀禮喪服布總箭笄疏引喪服小記云婦人帶惡笄以終喪有帶字而在惡笄之上是各本不同也

斬衰至則髮 惠棟挍宋本無此五字

子拜賓事之時 閩監毛本同浦鏜校云事衍文按衛氏集說作子拜賓時無事之二字

注母至而免 閩監毛本同考文引宋板母下有服字

則不容說女服之未成義也 惠棟校宋本同續通解同閩監毛本服作子

以上於男子則免 閩監毛本同盧文弨校云以上以字疑衍上當作止按衛氏集說以上作言

知者鄭注士喪禮文男子 惠棟校宋本同閩監毛本文作云下知者鄭注喪服變除文同

與者出戶出戶袒 閩監本同惠棟校宋本上戶作尸非也毛本亦作戶袒誤祖

故鄭注云士喪禮云 閩監毛本同惠棟校宋本注下無云字

及大功以下服畢 惠棟校宋本作畢衛氏集說同此本畢誤畢閩監毛本同

苴杖竹也節

苴杖至桐也　惠棟挍宋本無此五字

故貌必蒼苴　惠棟挍宋本作故衞氏集說同此本故誤破閩監毛本同

以其體圓性貞　毛本同衞氏集說同惠棟挍宋本同閩監本貞誤真

男主必使同姓節

男主至異姓　惠棟挍宋本無此五字

故知先無主後　閩監毛本同浦鏜挍云先當爲字誤

爲父後者節

爲父至無服　惠棟挍宋本無此五字

故無服　閩監毛本同惠棟挍宋本服下有也字

親親以三爲五節

親親至畢矣　惠棟校宋本無此五字

故云親親以三爲五者　惠棟校宋本同毛本三誤二者字閩本監本毛本並誤也

下加曾元兩孫　閩監本同毛本兩作二衞氏集說亦作兩

但父祖及於已是同體之親　閩監毛本同衞氏集說無及字

若據祖期斷則世叔宜九月　惠棟校宋本同衞氏集說同閩監毛本斷作年

族世叔又疏一等故宜緦麻　閩監本同毛本宜誤以疏作疎其餘疏字並同

又父爲子期而兄弟之子但宜九月　閩監毛本同浦鏜校云而當則字誤

按衞氏集說而字無

特爲尊是故降至期　閩監本尊作首毛本尊是作首足衞氏集說同惠棟校宋本亦作首

足

以無尊降之故亦爲三月惠棟挍宋本同衞氏集說同閩監毛本尊作等

終於族人故云親畢矣閩監毛本同衞氏集說同惠棟挍宋本矣作也

王者禘其祖之所自出節

世子有廢疾閩監毛本同嘉靖本同衞氏集說同岳本廢作癈○按依說文當作癈假借作廢

王者至如之惠棟挍宋本無此五字

外至者天神也主者人祖也閩本同衞氏集說同監本天誤大毛本天誤大祖誤主

別子爲祖節

別子至宗也惠棟挍宋本無此五字

爲百世不遷之大宗 閩本同惠棟挍宋本同監毛本大誤太通典七十三引此疏亦作大宗

於族人唯一俱時事 閩監毛本俱時作時俱考文引宋板時俱作俱事盧文弨挍云作俱事亦疑有譌

不爲加服是祖遷於上 惠棟挍宋本同閩監毛本上誤三通典七十三引此疏亦作遷於上

庶子不爲長子斬節

庶子至故也 惠棟挍宋本無此五字

如庾氏此言則父適二世 閩監本同毛本如誤故父誤久

庶子不祭殤節

宗子之諸父無後者　閩監毛本同嘉靖本同衛氏集說同岳本之字脫

庶子至祔食　惠棟挍宋本無此五字

云不祭殤者父之庶者　閩監毛本同衛氏集說同浦鏜挍本庶下補也字按浦鏜是也

庶子不祭禰者節

庶子至宗也　惠棟挍宋本無此五字

禰適故得立禰廟　惠棟挍宋本同衛氏集說同閩監毛本並禰適作稱適

禰庶不得立禰廟　閩監本同毛本上禰誤稱

親親尊尊節

言服之所以隆殺　閩監毛本同嘉靖本同衛氏集說同岳本隆作降考文引古本足利本同

親親至者也　惠棟挍宋本無此五字

此一經論服之降殺之義閩監毛本同衛氏集說降作隆按作隆與注合下文並放此

則卑幼可知也閩監毛本同惠棟挍宋本無也字衛氏集說同

從服者節

而今俱女君惠棟挍宋本俱下有出字宋監本同岳本同嘉靖本同衛氏集說同考文引古本足利本同此本誤脫閩監毛本同

從服至子服惠棟挍宋本無此五字

其餘三徒則所從亡而已惠棟挍宋本而作則衛氏集說同閩監毛本並誤

又君亡則臣不服君黨親也惠棟挍宋本作臣此本臣誤目閩監毛本臣誤自衛氏集說亦作臣服上有復字

二是妻從夫服夫之黨 閩本同惠棟挍宋本同衞氏集說同監毛本妻誤㚈

世子不降節

據服之成文也本所以正見父在爲妻不杖 閩監毛本同岳本同嘉靖本同浦鏜從續通解挍服上補喪字刪正字疏內同

世子至士服 惠棟挍宋本無此五字

云主言與大夫之適子同 惠棟挍宋本同閩監毛本云誤如

婦當喪而出節

當舅姑之喪也 惠棟挍宋本同岳本同嘉靖本同衞氏集說同閩監毛本舅誤喪

婦當至遂之 惠棟挍宋本無此五字

既已絕夫族 惠棟挍宋本亦作已閩本同衞氏集說同監毛本作以

而夫反命之閩監毛本同衛氏集説同盧文弨云反命當倒

再期之喪節

哀惻之情益衰閩監本作惻岳本同嘉靖本同衛氏集説同考文引宋板同此本惻誤則毛本惻誤側

而除喪已祥則除惠棟挍宋本作已宋監本同岳本同嘉靖本同衛氏集説同閩監毛本已誤者此本喪已二字闕

爲之練祭可也惠棟挍宋本作練宋監本岳本同嘉靖本同衛氏集説同此本練字闕閩監毛本練誤再

再期至喪也惠棟挍宋本無此五字

隨時悽慼惠棟挍宋本作悽衛氏集説同此本悽誤棲閩監毛本悽誤傷

自爲大道感殺閩監毛本同惠棟挍宋本感作減通解同

不相爲元意各別也惠棟挍宋本作元此本元字闕閩本同監毛本元誤○通解元作充亦非

恐人疑之祭爲除喪而祭惠棟挍宋本同閩監毛本之祭二字倒

然祭雖不爲除喪閩監毛本同惠棟挍宋本無然字

祥時除衰杖惠棟挍宋本如此衞氏集說亦作祥時除衰杖也此本誤徉持除衰閩本作祥特除衰監毛本作祥特除喪並誤

大功主者爲之練祥閩監本同毛本者誤人

生不及祖父母節惠棟云生不及祖節宋本分爲君之父母以下爲下卷第一節又云宋本生不至不稅及注謂子至之言疏文二則俱在前注喪與服不相當之言下屬四十二卷又云恩輕

故也下接降而在緦小功者正義一則并注此句至則否正義一則

而父稅喪 各本同石經同釋文出說喪云注及下同

故云稅也 惠棟挍宋本此下標禮記正義卷第四十二終

爲君之父母節 惠棟挍宋本自此節起至適婦不爲舅後者節止爲第四十三卷卷首題禮記正義卷第四十三

親緦小功不稅矣 惠棟挍宋本宋監本岳本衛氏集說考文引古本足利本親上並有正字

生不至不稅 惠棟挍宋本無此五字

此子生則不及歸 閩監毛本同考文引宋板無子字按衛氏集說作此子無生字疑宋板亦當無生字非無子字也𡨕者偶誤耳

按禮論云有服其喪服者 閩監毛本同惠棟挍宋本喪作殘

若本大功以上降而在緦小功者閩本同惠棟挍宋本同監毛本在誤若

一則爲此何應連親屬之下惠棟挍宋本同此本應連誤至情閩監毛本作至連考文引宋板至連二字作應字並非

禮記注疏卷三十二校勘記

附釋音禮記注疏卷第三十

喪服小記

禮記　鄭氏注　孔穎達疏

虞杖不入於室祔杖不升於堂哀益衰敬彌多也

疏虞杖至於堂○正義曰此論哀殺去杖之節也○注虞於寢祔於祖廟○正義曰按士虞禮虞於寢又按檀弓云明日祔於祖是祔於祖廟也

○爲君母後者君母卒則不爲君母之黨服徒從也所從亡則已○不爲于僞反下妾爲君注大夫爲庶子同○

疏爲君至黨服○正義曰此經論徒從所從亡則已之事爲君母後者謂無適立庶爲後也妾子於君母之黨悉徒從若君母卒則不服君母之黨今既君母沒爲後者嫌同於適服君母之黨故特明之徒從也所從亡則已謂與不爲後同也○

絰殺五分而去一杖大如絰如要絰也○去起呂反下去杖并注同絰

大結反要一遙反下文要經注上至要皆同（疏）經殺至如經。正義曰此一節論杖大如要經之義經殺者按喪服傳云苴經大搹左本在下去五分一以爲帶是首尊而要卑卑宜小故五分而去一象服數有五也。杖大如經者謂如要經也鄭所以知然者以其同在下之物故也

〇妾爲君之長子與女君同不敢以恩輕輕服君之正統。（疏）妾爲至君同。正義曰此一經論妾從女君服同女君爲長子三年妾亦爲女君長子三年故云與女君同也

除喪者先重者謂練男子除乎首婦人除乎帶

易服者易輕者謂大喪既虞卒哭而遭小喪也其易喪服男子易乎帶婦人易乎首（疏）除喪至輕者。正義曰此一節論服之輕重相易及除脫之義重謂男首經女要經男重首女重要凡所重者有除無變所以卒哭不受以輕服至小祥各除其重也謂練男子除乎首婦人除乎帶是也。易服者易輕者易謂先遭重喪後遭輕喪變先者輕則謂男子要婦人首也謂先遭斬服虞卒哭已變葛經大小如齊衰之麻若又遭齊衰之喪齊衰要首皆牡麻牡麻則重於葛服宜從重而男不變首女不易要以其所重故也但以麻易男要女首是所輕故也男子易乎要婦

人易乎首若未虞卒哭則後喪不能變也**無事不辟廟門**鬼神尙幽闇也廟殯宮○辟婢亦反徐扶亦反**哭皆於其次**無時哭也有事則入即位【疏】無事至其次○正義曰此一經論在殯無事之時○無事不辟廟門者辟開也廟門殯宮門也鬼神尙幽闇若朝夕入即位哭則暫開之若無事則不開也○哭皆於其次者次謂倚廬唯朝夕哭入門內即位耳若晝夜無時之哭則皆於廬次之中也凡葬前哭晝夜無時若有事謂賓來弔之時則入即位若朝夕哭及適子受弔之事並入門即位而哭

○復與書銘自天子達於士其辭一也男子稱名婦人書姓與伯仲如不知姓則書氏此謂殷禮也殷質不重名復則臣得名君周之禮天子崩復曰皐天子復諸侯薨復曰皐某甫復其餘及書銘則同○如不知姓一本無知姓二字【疏】復與至書氏○正義曰此一經論復與書銘男女名字之別也書銘謂書亡人名字於旌旗也天子書銘於大常諸侯以下則各書於旌旗也○達於士其辭一也者謂士與天子同也○男子稱名者此並殷禮殷質不重名故復及銘皆書稱名也周世則尙文

臣不名君天子復曰皐天子復矣諸侯復曰皐某甫復矣婦人書姓與伯仲者與及也復則婦人稱字此云書姓及伯仲是書銘也姓謂如曾姬齊姜也而伯仲隨其次也此亦殷禮也周之文未必有伯仲當云夫人也○如不知姓則書氏者氏如孟孫三家之屬謂書銘亦殷禮也殷無世繫六世而昏故婦人有不知姓者周則不然有宗伯掌定繫世百世昏姻不通故必知姓也若妾有不知姓者當稱氏矣○注其餘至則同○正義曰若周天子諸侯復與殷異其餘謂卿大夫以下書銘則與殷同矣

○斬衰之葛與齊衰之麻同經之大俱七寸五分寸之一帶五寸二十五分寸之十九

齊衰之葛與大功之麻同經之大俱五寸二十五分寸之十九帶四寸百二十五分寸之七十六○

〔疏〕斬衰至服之○正義曰此一節明前遺重喪後遺輕喪麻葛兼服之義○斬衰之葛與齊衰之麻同者斬衰既虞受服之葛首經要帶與齊衰初喪麻經帶同經則俱七寸五分寸之一帶俱五寸二十五分寸之十九○齊衰之葛與大功之麻同者齊衰變服之葛與大功初死之麻同經俱五寸二十五分寸之十九帶俱四寸百二十五分寸之七十六○麻同皆兼服之者皆上斬衰齊衰大功麻葛之事

也兼服謂服麻又服葛也斬衰既虞遭齊衰新喪男子則要服齊衰之麻帶首服斬衰之葛絰婦人則首服齊衰之麻絰要仍服斬衰之麻帶婦人上下皆麻此云麻葛兼服之謂男子也○注絰之至十九○正義曰知絰帶大小如此者按喪服傳云苴絰大搹去五分一以爲帶齊衰之絰斬衰之帶也去五分一以爲帶大功之絰齊衰之帶也去五分一以爲帶喪服所云謂初喪麻之絰帶也至既虞變葛之時絰帶漸細降初喪一等斬衰葛絰帶與齊衰初死麻之絰帶同故云絰俱七寸五分寸之一所以然者就苴絰九寸之中五分去一以五分分之去一分故七寸五分寸之一其帶又五分去一又就葛絰七寸五分寸之一之中五分去一故帶五寸二十五分寸之十九也此即齊衰初死之麻絰帶矣齊衰既虞變葛之時又漸細降初喪一等與大功初死麻絰帶同大功首絰與齊衰初死麻帶同俱五寸二十五分寸之十九也其帶五分首絰去一就五寸二十五分寸之十九之中去其一分故餘有四寸百二十五分寸之七十六也凡筭之法皆以五乘母乘母既訖納子餘分以爲積數然後以寸法除之但其事繁碎故畧舉大綱也○注皆者至男子○正義曰二事謂斬衰葛與齊衰麻同齊衰葛與大功麻同故云皆上二事也云男子則絰上服之葛帶下服之麻者以前文云易服者易

輕者閒傳篇云男子重首則要輕也是男子易要帶不易首絰故云則絰上服之葛帶下服之麻也云婦人則絰下服之麻同自帶其故帶也者以下服初死故服下服之麻故檀弓篇云婦人不葛帶是也前服受服之時不變葛仍服前麻帶故云帶其故帶也云兼服之文主於男子者言婦人絰帶俱麻今絰云麻葛兼服之故云主於男子也。

葬者報虞三月而後卒哭報讀爲赴疾之赴謂不及期而葬也既葬即虞虞安神也卒哭之祭待哀殺也○報依注音赴芳付反下同。（疏）報葬至卒哭。正義曰此一節論不得依常葬之禮也赴猶急疾也急葬謂貧者或因事故死而即葬不得待三月也急虞謂亦葬竟而急設虞謂是安神故宜急也。三月而后卒哭者雖急即虞而不即卒哭卒哭猶待三月所以然者卒哭是奪於哀痛故不忍急而待齊哀殺也○

父母之喪偕先葬者不虞祔待後事其葬服斬衰偕俱也謂同月若同日死也先葬者母也曾子問曰葬先輕而後重又曰反葬奠而後辭於殯遂備葬事其虞也先重而後輕待後事謂如此也其葬服斬衰者喪之隆衰宜從重也假令父死在前月而同月葬猶服斬衰不葬

不變服也言其葬服斬衰則虞祔各以其服矣【疏】父母至
及練祥皆然卒事反服重○偕音皆令力呈反斬衰○
正義曰此一節論並遭父母喪虞祔及衣服之制也○父母
之喪偕者偕謂同月若同日死也○先葬者不虞祔者雖有
同日月死而不得同月葬如曾子問篇中所言葬先輕而後
重者謂先葬母也葬母既竟不即虞祔而更脩葬父之禮也
所以不即虞祔者虞祔稍飾父喪在殯故未忍爲虞祔也○
待後事者後事謂葬父也葬母竟不即虞祔待葬父竟先虞
父乃虞母所謂祭先重而後輕也○其葬服斬衰者言父母
俱喪而猶服斬者從重也雖葬母亦服斬衰葬之以其父未
葬亦不得變服也○注皆俱至服重○正義曰謂同月若同
日死者假令父死在前月而同月葬者前月謂母死前之月
也或一月或二月三月但是未葬之間皆是前月未必唯母
死前之一月也以其父死未葬不變服故也云及練祥皆然
者以經云其葬服斬衰直以葬爲文明爲母虞祔練祥皆齊
衰也云卒事反服重者卒事之後還服父服故云卒事反服
重

○大夫降其庶子其孫不降其父祖不厭孫也大夫爲庶子大功○厭一妾反徐於艷反下文注皆同

大夫不主士之喪士之喪雖無主不敢

攝大夫〔疏〕大夫至之喪。正義曰此一節論大夫尊降庶以爲主子一等兼不爲主之事各依文解之。大夫降其庶子故爲其庶子不爲大夫者服其大功也而喪服條例云父之所不服其子亦不敢服故大夫不服其妾故妾子爲母大功也今嫌既降其子亦厭其孫故此明雖降庶子而不厭降其孫矣庶子之子不降其父猶爲三年也。大夫不主士之喪謂士死無主後其親屬有爲大夫者尊不得主之

○爲慈母之父母無服恩不能及。爲于僞反下其妻爲爲母之爲妻禮爲庶母爲祖庶母皆同〔疏〕爲慈至無服。正義曰此一節論慈母雖如母猶不爲慈母之黨服此慈母即是喪服中慈母者父雖命爲母子而本非骨肉故慈母之子不爲慈母之父母有服者爲恩所不及也

○夫爲人後者其妻爲舅姑大功以不貳降。貳一本作隆。〔疏〕夫爲至大功。正義曰此一節論婦人不貳隆之義賀云此謂子出時已昏故此婦還則服本服本舅姑大功若子出時未昏至所爲後家方昏者不服本舅姑以舅姑婦本是路人來又恩義不相接猶臣從君而服不從而稅人生不及祖之徒而皆不責非時之恩也今按夫爲本生父母期故其妻降一等服大功是從夫而服不論識

前舅姑與否假令夫之伯叔在他國而死其婦雖不識豈不從夫服也熊氏云然恐賀義未盡善也○士祔

於大夫則易牲不敢以卑牲祭尊也大夫少牢也○疏士祔至易牲○正義曰謂祖爲大夫孫爲士孫死祔祖則用大夫牲不敢用士牲士牲卑不可祭於尊者之前也祭殤與無後者不云易牲而此云易牲者前是宗子家爲祭不得同如宗子之禮故殤及無後者依士人之貴賤禮供之此是士卑許進用大夫牲故曰易牲然又此下云賤不祔貴而此云士祔大夫者謂無士可祔則不得不祔於大夫猶如妾無妾祖姑易牲而祔於女君可也若有士則當祔於士故雜記云士不祔於大夫謂先祖兄弟有爲士者當祔於士不得祔於大夫也○繼父

不同居也者必嘗同居皆無主後同財而祭其祖禰爲同居有主後者爲異居録恩服深淺也見同財則期同居異財故同居今異居及繼父有子亦爲異居則三月未嘗同居則不服○見賢遍反○疏繼父至異居○正義曰此一經明繼父同居異居之禮此解喪服經中有繼父同居及不同居者之文也○繼父者謂母後嫁之夫也若母

嫁而子不隨則此子與母繼夫固自路人無繼父之名故自無服也今此言謂夫死妻稚子幼子無大功之親隨母適後夫後夫亦無大功之親後以其貨財爲此子同築宮廟四時使之祭祀同其財計如此則是繼父同居故爲服期若經同居而今異居異居之道其理有三一者昔同今異二者今雖共居而財計各別三者繼父更有子便爲異居則服齊衰三月而已今言有主後者爲異居者謂繼父更有子也舉此一條餘亦可知矣然旣云皆無主後爲同居則有主後者爲異居則此子有子亦爲異居也

○哭朋友者於門外之右南面門外寢門外變於有親者也

○祔葬者不筮宅宅葬地也前人葬旣筮之〔疏〕哭朋至南面○正義曰此一經論哭朋友之處也門外寢門外也右西邊也南面嚮南也嚮南爲主以對荅弔賓○注變於至門外○正義曰按檀弓云有殯聞遠兄弟之喪哭于側室無側室哭於門內之右今哭門外是變於有親也云門外寢門外者按檀弓云兄弟吾哭諸廟父之友吾哭諸廟門之外師吾哭諸寢朋友吾哭諸寢門之外是也

○士大夫不得祔於諸侯祔於諸祖父之爲士大夫

者其妻祔於諸祖姑妾祔於妾祖姑亡則中一以上而祔祔必以其昭穆士大夫謂公子公孫爲士大夫者不得祔於諸侯卑別也既卒哭各就其先君爲祖者兄弟之廟而祔之中猶間也○亡如字又音無昭常遙反後昭穆皆放此間間廁之間諸侯不得祔於天子天子諸侯大夫可以祔於士人莫敢卑其祖也○卑［疏］士大至於士○正義曰此一節論貴賤祔祭之義此謂祔祭也禮孫死祔祖今祖爲諸侯孫爲士大夫而死則不得祔祖謂祖之貴宜自卑遠之故也○祔於諸祖父之爲士大夫者諸祖祖之兄弟也既不得祔祖當祔祖之兄弟亦爲大夫士者也○其妻祔於諸祖姑者夫既不得祔祖故妻亦不得祔於祖姑而可以祔於諸祖姑也諸祖姑是夫之諸祖父兄弟爲士大夫者之妻也若祖無兄弟可祔亦祔宗族之疏不爲諸侯者也然上云士易牲祔於大夫而大夫不得易牲祔於諸侯者諸侯之貴絕宗故大夫士不得輕親也○妾祔於妾祖姑者言妾死亦祔夫祖之妾也○亡則中一以上而祔者亡無也中間也若夫祖無妾則又間曾祖而祔高祖之妾也○祔必以

其昭穆者解所以祖無妾不祔曾祖而祔高祖之義也凡祔必使昭穆同曾祖非夫同列也然此下云妾母不世祭於孫否則妾無廟今乃云祔及高祖者當爲壇祔之耳後別釋○諸侯不得祔於天子者亦謂祔祭卑孫不可祔於尊祖也○天子諸侯大夫可以祔於士者祖雖賤而孫雖貴祔之不嫌也若不祔之則是自尊欲卑於祖也

○爲母之君母母卒則不服 母之君母外祖適母徒從也所從亡則已

〔疏〕爲母至不服○正義曰此一節論不責恩所不及之事○母之君母者謂母之適母也此親於子爲輕故徒從也已母若在母爲之服已則服之已母若亡則已不服母之君母矣

○宗子母在爲妻禫 宗子之妻尊也

〔疏〕宗子至妻禫○正義曰此一節論宗子妻尊得爲妻伸禫之事宗子爲百世不遷之宗賀瑒云父在適子爲妻不杖不杖則不禫若父沒母存則爲妻得杖又得禫凡適子皆然嫌畏宗子尊厭其妻故特云宗子母在爲妻禫宗子尚然則其餘適子母在爲妻禫可知賀循云出居廬論稱杖者必廬廬者必禫此明杖章尋常之禮謂杖章之內居廬必禫若別而言之則杖有不禫○禫有不杖者按小記篇云宗子母在爲妻禫則其非宗子其餘適庶母在爲妻並不得禫也小記

又云父在爲妻以杖即位鄭玄云庶子爲妻然父在爲妻猶
有其杖則父没母存有杖可知此是杖有不禫者也小記篇
云庶子在父之室則爲其母不禫若其不杖則喪服不杖之
條應有庶子爲母不杖之文今無其文則猶杖可知也前文
云三年而后葬者但有練祥而無禫是有杖無禫此二條是
杖而不禫賀循又云婦人尊微不奪正服並厭其餘哀如賀
循此論則母皆厭其適子庶子不得爲妻杖
也故宗子妻尊母所不厭故特明得禫也

○爲慈母後者爲庶母可也爲祖庶母可也謂父命之爲子母者也即庶子爲後
此皆子也傳重而已不先命之與適妻使爲母子也緣
爲慈母後之義父之妾無子者亦可命己庶子爲後○疏
爲慈至可也○正義曰此一節論爲庶母後之事喪服有慈
母如母傳曰慈母者何也傳曰妾之無子者妾子之無母者
父命爲子母而子服此慈母三年此即爲慈母後之義也記
者見喪服既有妾子爲慈母後之例將欲觸類言之則妾子
亦可爲庶母後也爲庶母後者謂妾經有子而子已死者餘
他妾多子則父命他妾之子爲無子之妾立後與爲慈母後
同也故云爲庶母後可也○爲祖庶母可也者又觸類言之
此既可爲庶母後則亦可爲祖庶母之後故云爲祖庶母之

後可也祖庶母者謂已父之妾亦經有子子死今無也父妾
既無子故已命己之妾子與父妾爲後故呼已父之妾爲祖
庶母既爲後後亦服之三年如已母矣必知妾經有子者若無
子則不得立後故也賀瑒云雖有子道服於慈庶母三年而
猶爲已母不異異於後大宗而降本也○注謂父至爲後○
正義曰謂父命之爲子母者也皇氏云此鄭注揔解經慈母
庶母祖庶母三條也皆是庶子父命之使事妾母也故云父
命爲子母也云即庶子爲後此皆子也傳重而已不先命之
與適妻使爲母子也者庾氏云鄭注此一經明庶子爲適母
後者故云即庶子爲後謂爲適母後此皆子者此庶子皆適
母之子今命之爲後但命之傳重而已母道舊定不須假父
命之與適妻使爲母子也云緣爲慈母後之義父之妾無子
者亦可命已庶子爲後者言緣喪服有妾子爲慈母後義今
起此妾爲後之文也然緣喪服慈母而起命二妾之後而注
不云命後已妾唯言後父妾者緣已妾既可爲慈亦可爲庶
母後易見不言自顯但以已子後父妾於文難明故特言之
也　○爲父母妻長子禫目所爲禫者也○爲父母于爲反注目所爲下文則爲其
母子爲妻下注恩爲已
爲之變爲今死者皆同
疏爲父至子禫○正義曰此一經鄭云自所爲禫者此一人而已

然慈母亦宜禫也而下有庶子在父之室爲其母不禫則在父室爲慈母亦不禫也故不言之妻爲夫亦禫也但記文不具○慈母與妾母不世祭也以其非正春秋傳曰於子祭於孫止疏慈母至祭也○正義曰此一經論禮有不合世祭之事慈母即所謂承庶母祖庶母後者也妾母謂庶子自爲其母也既非其正故唯子祭之而孫則否○注以其至孫止○正義曰春秋傳於子祭於孫止者此穀梁傳隱五年謂魯孝公之妾是惠公之母五年傳九月考仲子之宮考成也成之爲夫人也注云仲子本孝公之妾以其子本孝公之妾子則惠公也惠公立爲仲子之後故成之爲夫人也傳又云禮庶子爲君爲其母築宮使公子主其祭注云公子者長子之弟及妾之子也傳又云於子祭於孫止者此經云妾母不世祭也故鄭引爲注此明不得世祭也○丈夫冠而不爲殤婦人笄而不爲殤言成人也婦人許嫁而笄未許嫁與丈夫同○冠古亂反○爲殤後者以其服服之言爲後者據承之也殤無爲人父之道以本親之服服之疏爲殤至服之○正義曰此一節論宗子殤死族人不得以父道爲後之事○爲殤後者謂大宗

子在殤中而死族人爲後大宗而不得後此殤者爲子也以其父無殤義故也既不後殤而宗不可絕今來爲後殤者之人不以殤者之爲父而依兄弟之服服此殤也○注言爲至服之○正義曰言爲後者據承之也者既不與殤爲子則不應云爲後今言爲後是據已承其處爲言也云以本親之服服之者謂既不以父服服殤而今來後其宗事事如子爲彼殤服依其班秩如本列也爲人後者若子於無後之宗既爲殤者父作子則應服以兄弟之服而云以本親之服服者當在未後之前不復追服不責人以非時之恩故推此時本親兄弟亡在未後之前者亦宜終其本服之日月唯爲後及所後如有母亡而猶在三年之内則宜接其餘服不可以吉居凶若出三年則不追服矣

○久而不葬者唯主喪者不除其餘以麻終月數者除喪則已其餘謂旁親也以麻終月數不葬者喪不變也

（疏）久而至則已○正義曰此一節論久而不葬不變服之事○久而不葬者謂有事礙不得依月葬者則三年服身皆不得祥除也今云唯主喪者亦欲廣說子爲父妻爲夫臣爲君孫爲祖得爲喪主四者悉不除也○其餘以麻終月數者其餘謂期以下至緦也麻終月數者主人既未葬故

諸親不得變葛仍猶服麻各至服限竟而除也○除喪則已者謂月足而除不待主人葬除也然此皆藏之至葬則反服之也故下云及其葬也反服其服是也然雖緦亦藏服以其未經葬故也盧曰其下子孫皆不除也以主喪爲正耳餘親者以麻各終其月數除矣庾云謂昔主要記按服問曰君所主夫人妻大子適婦故謂此在不除之例定更思詳以尊主卑不得同以卑主尊無緣以卑之未葬而使尊者長服衰絰也且前儒說主喪不除無爲下流之義是知主喪不除唯於承重之身爲其祖曾若子之爲父臣之爲君妻之爲夫此之不除也不俟言而明矣盧植云下子孫皆不除蕭望之又云獨謂子皆未善也謂庾言爲是

○箭笄終喪三年 亦於喪所以自卷持者有除無變○

疏 箭笄終喪三年○正義曰此一經論婦人以箭笄終喪之事前云惡笄以終喪是女子爲母也此云箭笄終喪三年謂女子在室爲父也自卷持者有除無變也○

齊衰三月與大功同者繩屨 雖尊卑異於恩有可同也

疏 齊衰至繩屨○正義曰此一經論尊卑屨同之事○大功以上同名重服故大功與齊衰三月可同繩屨謂以麻繩爲屨雖尊卑則異於恩有可同者齊衰爲尊大功爲卑而三月爲恩輕九

月恩稍重制之在尊卑深淺之間禮法有常秉權而降在尊旣爲深故宜有異也所以衰服殊而爲恩情處爲淺深矣故有可同也所以同其末屨以表恩而不同也○練筮日筮尸視濯皆要經杖繩屨有司告具而后去杖筮日筮尸有司告事畢而后杖拜送賓臨事去杖敬也濯謂溉祭器也○濯大角反溉故代反○大祥吉服而筮尸凡變除者必服其吉服以即祭事不以凶臨吉也閒傳曰大祥素縞麻衣○縞古老反○

疏 練筮至筮尸○正義曰此一經論練祥筮日筮尸之時所著衣服也練爲小祥也○筮日謂筮占小祥之日筮尸亦筮占小祥之尸○視濯者謂視小祥之祭器祭器須絜而視其洗濯也○皆要經杖繩屨者爲喪至小祥男子除首經唯有要經而病尚深故猶有杖屨是末服又變爲繩麻將欲小祥前日豫筮其日而占於尸及視濯器則豫著小祥之服以臨此三事也所以然者此前三事悉是爲祭祭欲吉故豫服也不言衰與冠者亦同小祥矣○有司告具而后去杖者有司謂執事者鼎者變服猶杖今執事之人既告三事辦具將欲臨事故孝子便去杖亦敬

生故也。筮日筮尸有司告事畢而后杖拜送賓者筮日與尸二事皆有賓來臨當臨事時去杖今若執事之人告筮占之事已畢則孝子更執杖以拜送於賓矣不言視濯者視濯輕而無賓故不言也。大祥吉服而筮尸者吉服朝服也大祥之日縞冠朝服今將欲祥亦於前日豫服大祥之服以臨筮日及筮尸視濯今唯云尸不言日及濯者從小祥可知也大祥則并去絰杖繩屨故不云杖絰屨。注凡變至麻衣。正義曰凡變除者必服其吉服以即祭事不以凶臨吉也者下云大祥朝服縞冠是祥祭之時唯著朝服此筮尸又在祥祭前已著吉服不以凶臨吉故也引閒傳者以大祥之後著素縞麻衣此云吉服則非祥後之服是朝服也故引以證。

庶子在父之室則爲其母不禫妾子父在厭也庶子不以杖即位下適子也位朝夕哭位也。下適戶嫁反適丁歷反

父不主庶子之喪則孫以杖即位可也祖不厭孫孫得伸也。伸音申

父在庶子爲妻以杖即位可也舅不主妾之喪子得伸也

【疏】庶子至可也。正義曰此一節論庶子父在應杖及不應杖之節庶

子在父之室則爲其母不禫者此謂不命之士父子同宮者也若異宮則禫之如下言則亦猶杖也禫爲服外故微奪之可○庶子不以杖即位者謂適庶俱有父母之喪也適子得執杖進阼階哭位庶子至中門外而去之以下於適子也然此承前而云杖則似庶子不禫亦不杖如賀言也○父不主庶子之喪則孫以杖即位可也者父主適子喪而有杖故適子子不得以杖即位以辟祖故耳非厭也今此父不主庶子喪故庶子子則得杖即位也祖不厭孫孫得伸也父皆厭子故舅主適婦喪而適子不杖大夫不服賤妾妾子亦厭而降服以服其母也至於祖雖尊貴而並不厭孫故大夫降庶子而其孫不降其父也庾云謂雜記上爲長子杖則其子不以杖即位鄭注辟尊者按祖不厭孫而長子之子不以杖即位者以祖爲其父主故辟尊不敢俱以杖即位耳猶如庶子之子亦非厭也父不爲庶子主故其子以杖即位可也○父在庶子爲妻以杖即位可也者此謂庶子也父不主其妻故其子得爲妻以杖即位也雜記云爲妻父母在不杖亦是庶子而云不杖者亦謂同宮者也又喪服注云爲其妻以杖即位謂庶子也舅主適婦則適子不得杖舅不主庶婦故庶子爲妻可以杖即位謂父主妻喪故主適婦所以適子不杖也明主適婦猶於主妻故也父既不主妾喪故不主庶婦所以庶

子得杖庶子得杖由於父不主妾故也若妻次子既非正嗣故亦同妾子之限也或問者云但以杖自足何須言即位言即位如似適婦之喪長子亦得有杖祇不得即位耳荅曰庶子爲父母厭下於適子雖有杖不得持即位今嫌爲妻亦得杖而不即位故明之也

〇諸侯弔於異國之臣則其君爲主君爲之主弔臣恩爲已也子不敢當主中庭北面哭不拜〇諸侯弔必皮弁錫衰所弔雖已葬主人必免主人未喪服則君亦不錫衰必免者尊人君爲之變也未喪服未成服也既殯成服

〇疏諸侯至錫衰〇正義曰此一節明諸侯弔喪衣服之節〇弔於異國之臣則其君爲主者君無弔他臣之禮若來在此國遇主國之臣喪時爲彼君之故而弔故主國君代其臣之子爲主諸侯弔必皮弁錫衰者此有二種一云此句因前而發弔必皮弁錫衰謂弔異國臣也若自弔已臣則素弁環絰錫衰也故鄭注國君於其臣弁絰他國之臣皮弁一云此亦爲自弔已臣而未當事則皮弁錫衰至當事乃弁絰耳檀弓已論〇所弔雖已葬主人必免者此承上也謂諸侯來弔主人必爲之重禮凡五服

自大功以上爲重重服爲免之節自始死至葬卒哭後乃不復免也小功以下爲輕輕服爲免之節自始死至殯殯後不復免至葬啓殯之後而免以至卒哭如始死今若人君來弔雖非服免時必爲免以尊重人君故也而此云主人必免謂大功以上也小功以下則不然也何以知然下云親者皆免注云大功以上故知之○注君爲至不拜○正義曰云子不敢當主中庭北面哭不拜者按士喪禮君弔主人出迎于門外見馬首入門右北面君升主人中庭拜稽顙成踊彼爲主人爲主故中庭拜今鄰國君弔君爲之主主拜賓則主人中庭北面哭不拜曾子問稱季桓子之喪衛君來弔魯君爲主季康子立於門右北面拜而後稽顙故譏其喪有二主當唯哭踊而已是於禮不拜也○注必免至成服○正義曰未喪服未成服也者以經云未喪服嫌謂未括髮未散麻帶經之屬故云未成服云既殯成服者士喪禮既殯三日成服是殯後乃成服也

○養有疾者不喪服遂以主其喪 不喪服求生主吉惡其凶也遂以主其喪謂養者有親也死則當爲之主其爲主之服如素無喪服○養羊尚反惡烏路反○

非養者入主人之喪則不易己之喪服 入猶來也謂養者無親於

死者不得爲主其有親來爲主者素有喪服而來爲主與素無服者異素無服素有服爲今死者當服則皆三日成也○

養尊者必易服養卑者否尊謂父兄卑謂子弟之屬〔疏〕養有至者否○正義曰此一節論自有喪服親族有疾患者養之法各依文解之○養有疾者謂養此親屬有疾者不喪服爲已先有喪服養疾之時不著已之喪服求生主吉惡其凶故也○遂以主其喪者疾者既死無生後此養者遂以主先來無服之法主其死者之喪也○注不喪至喪服○正義曰云遂以主其喪謂養者有親也者養者若於病者無親疾時雖養死不得爲主今死得爲主故知養者於死者有親也云其爲主之服如素無喪服者身雖先有服養時既去其服今疾者身死已爲之主還與素無服同也○非養至喪服○此謂死者之親屬當死者病時不得來爲養而死時來爲主此主雖身有前喪之服今來爲主則不易已喪服所以然者已既前不養不經變服故今爲新死者不易已之喪服○注入猶至成也○正義曰云謂養者無親於死者不得爲主其有親來爲主者謂養者無親者也病者若死而此養者不得爲主既不得爲主故知死者之親來入主喪者也云素有喪服而來爲主者素猶本也本有喪謂有前喪之服也已服前喪之服而

來主之不易服也云與素無服者異者本無服謂若來爲喪主者身本吉無喪服既來爲主則爲此死者服始死之服若本有喪服今來爲喪主仍以先喪之服主之故云異也云素無服素有服爲今死者當服則皆三日成也者謂已身若本有服及本無服若與死者有親則皆至三日成服皆爲死者服其服也若本有服重而新死者輕則爲一成服而反前服也若新死重則仍服死者新服也身本吉而來爲主則計今親而依限服之也庾云謂此無主後親族爲其喪主者鄭云養者無親於死者不得爲主謂親族不得養其病朋友養之者又云有其親來爲主謂親族也前云喪服者及其主喪則與素無服者同此明既死而往主即不易已之喪服故鄭又云與素無服者異也○養尊至者否○此廣結前文養有疾者不喪服之文尊謂父兄也卑謂子弟也前雖云養有疾者不喪服不分明尊卑故此明之養尊者必易已之喪服也若養卑者不變也庾云前云去喪服而養之遂以主喪是必父兄之行也○

○**妾無妾祖姑者易牲而祔於女君可也**女君適祖姑也易牲而祔則凡妾下女君一等○適丁歷反下戸嫁反○〔疏〕妾無至可也○正義曰此一節明祔祭之法也云妾無妾祖姑者謂妾當祔於妾祖姑若無妾

祖姑當祔於高祖妾祖姑故前文云亡則中一以上今又無高祖妾祖姑則當易妾之牲用女君之牲祔於女君可也○注女君至一等○正義曰鄭恐女君是見在之女君故云女君適祖姑也妾與女君牲牢無文既云易牲故云下女君一等下女君一等者若女君少牢妾則特牲若女君特牲妾則特豚也

○婦之喪虞卒哭其夫若子主之祔則舅主之婦謂凡適婦庶婦也虞卒哭祭婦非舅事也祔於祖廟尊者宜主焉

士不攝大夫士攝大夫唯宗子士之喪雖無主不敢攝大夫以為主宗子尊可以攝之○

主人未除喪有兄弟自他國至則主人不免而為主親質不崇敬也

【疏】婦之至為主○正義曰此一節論喪祭為主之事各依文解之○婦之喪虞卒哭其夫若子主之者虞與卒哭其在於寢故其夫或子則得主之祔是祔於祖廟其事既重故舅主之婦之所祔者則舅之母也○士不至宗子○此謂士喪無主不敢使大夫兼攝為主也○士攝大夫唯宗子者謂若宗子為士而無主後者可使大夫攝主之也士之喪雖無主不敢攝大夫為主士卑故也宗子尊

則可以攝之也○主人至爲主○主人未除喪者謂在國主人之喪服未除有兄弟自他國至則主人不免而爲主者謂五屬之親從遠歸奔者也夫免必有時若葬後唯君來弔雖非時亦爲之免崇敬欲新其事故也若五屬之親非時而奔則主人不須爲之免也嫌親始奔亦應崇敬爲免如君故明之也○

陳器之道多陳之而省納之可也省陳之而盡納之可也

多陳之謂賓客之就器也以多爲榮省陳之謂主人之明器也以節爲禮○省所領反下及注同○

〔疏〕陳器至可也○正義曰此一節論以明器送葬之事○陳器之道多陳之者謂朋友賓客贈遺明器多陳列之以爲榮也○而省納之可也者雖復多陳不可盡納入壙故省少納之可也以納有常數故也○省陳之而盡納之可也者謂主人所作明器依禮有限故省陳之省陳既少而盡納之於壙可也○注多陳至爲禮○正義曰云謂賓客之就器也者而遺死者謂之就者以其可用故也故既夕禮注云就猶善也贈無常唯玩好所有也總而言之亦曰明器故宰夫云凡弔與其幣器注云器所致明器也是賓客致者亦曰明器也云省陳之謂主人之明器也者此正明器主人所作故上檀弓云旬而布材與明器又檀弓云

竹不成用苉不成沬之屬是也○奔兄弟之喪先之墓而後之家爲位而哭所知之喪則哭於宮而后之墓兄弟先之墓骨肉之親不由主人也宮故殯宮也○疏奔兄至之墓○正義曰此一節論奔兄弟之喪之事○注兄弟至宮也○正義曰言骨肉之親不由主人也者解兄弟之喪先之墓之意兄弟骨肉自然相親不由主人故先往之墓若所知之喪由主人乃致哀戚故先哭於宮而後至墓○父不爲衆子次於外於庶子略自若居寢○爲于僞反下注猶來爲下文爲出母爲夫杖同○疏父不至於外○正義曰衆子庶子次謂中門外次也庶子賤略之故父不爲之次自若常居於寢也不爲之處門外爲喪次也長子則次於外爲喪次也與諸侯爲兄弟者服斬謂卿大夫以下也與尊者爲親不敢以輕服服之言諸侯者明雖在異國猶來爲三年也疏與諸至服斬○正義曰熊氏以爲謂諸侯死凡與諸侯有五屬之親者皆服斬也以諸侯體尊不可以本親輕服服之也○注謂卿至年也○正義曰謂卿大夫以下也者經云與諸侯爲兄弟服斬恐彼此

俱作諸侯爲之服斬故云謂卿大夫以下若俱爲諸侯則各依本服然卿大夫與君自應服斬而云兄弟者或服本義。之服故明之云服斬也以與尊者爲親不敢以輕服服之云言諸侯者明雖在異國猶來爲三年也者鄭以經不云與君爲兄弟而言與諸侯爲兄弟故知客。在異國也然既在異國仕於他君得反爲舊君服斬者以其曾在本國作卿大夫今來他國未仕故得爲舊君反服斬鄭言謂卿大夫者據本國經。爲卿大夫者也或可與諸侯爲兄弟雖在他國仕爲卿大夫得爲舊君服斬異於尋常按下雜記云外宗爲君夫人如內宗注云謂嫁於國中者此云異國二注不同者雜記據婦人故云嫁於國中此據男子故得云異國是以鄭注云謂卿大夫以下惟謂男子賀循云以鄭二注不同故著要記以爲男子及婦人皆謂在國內者譙周亦以爲然並非鄭義今所不取也。

下殤小功帶澡麻不絶本。詘而反以報之報猶合也下殤小功本齊衰之親其經帶澡率治麻爲之帶不絶其本屈而上至要中合而糾之明親重也凡殤散帶垂。澡麻本又作藻音早一本無麻字不絶本或作不絶本非也詘丘勿反澡率上音早下所律反又音律上時掌反糾居黝反徐居蚪反散先但反下文注並同。

【疏】下殤

至報之○正義曰謂本期親在下殤降在小功者服澡麻爲絰帶而斷斷麻根本示輕故也今若下殤在小功者則但首絰無根而要帶猶有根示其重故也故云帶澡麻不絕不絕謂不斷本也詘而反以報之者凡殤不糾要垂皆散其帶而此下殤則不散垂免麻嚮下又屈反嚮上故云屈而反也屈嚮上合而糾之故云報也○注報猶至帶垂○正義曰謂合糾爲繩賀瑒云下殤小功男子絰牡麻而帶澡婦人帶牡而絰澡故小功殤章云牡麻絰若依其次不應前帶故知前言男子之帶後言婦人之絰也云澡率治麻爲之者謂戞率其麻使其潔白也云帶不絕其本屈而上至要者其帶本垂今乃屈上至要也云中合而糾之明親重也者謂屈所垂散麻上至於要然後中分麻爲兩股合而糾之以垂嚮下也所以然者明親重也云凡殤散帶垂者謂成人大功以下之殤其殤既輕唯散麻帶垂而下不屈而上糾之異於下殤小功故也

婦祔於祖姑祖姑有三人則祔於親者謂舅之母死而又有繼母二人也親者謂舅所生○其妻爲大夫而卒而后其夫不爲大夫而祔於其妻則不易牲妻卒而后

夫爲大夫而祔於其妻則以大夫牲妻爲大夫夫爲大夫時卒不易牲以士牲也此謂始來仕無廟者無廟者不祔宗子去國乃以廟從○從才用反○爲父後者爲出母無服無服也者喪者不祭故也適子正體於上當祭祀也〔疏〕婦祔至故也○正義曰此一節明婦人祔祭之事各依文解之○祖姑有三人則祔於親者謂舅之母有三人親者謂舅之所生者言婦祔祖姑則祔於舅之所生者也○其妻爲大夫而卒者謂夫爲大夫時而妻死者也○而后其夫不爲大夫者謂妻死後夫或黜退不復爲大夫而死也而祔於其妻則不易牲者謂夫既不爲大夫死若祔祭此妻但依夫今所得用之牲不得易用昔大夫時牲○妻卒而后夫爲大夫而祔於其妻則以大夫牲者此謂妻死時夫未得爲大夫也妻死後夫乃得爲大夫今既祔祭其妻則得用大夫牲妻從夫之禮故也○注妻爲至廟從正義曰此謂始來仕無廟者若其有廟則死者當祔於祖不得祔於其妻今夫死祔於其妻故知是無廟者若其宗子去他國乃以廟從則祔於祖矣○婦人不爲主而杖者姑在爲

夫杖姑不厭婦母爲長子削杖嫌服男子當杖竹也母爲長子服不可以重於子爲已也

女子子在室爲父母其主喪者不杖則子一人杖女子子在室亦童子也無男昆弟使同姓爲攝主不杖則子一人杖謂長女也許嫁及二十而笄笄爲成人成人正杖也

【疏】婦人至人杖○正義曰此二節論婦人應杖之節各隨文解之○姑在爲夫杖者鄭義唯謂出嫁婦人禮也若成人婦人在家爲父母雖不爲主亦杖若在夫家唯爲主乃杖故爲夫與長子雖不爲主亦杖若餘非爲主則不爲杖但夫是移天之重婦雖不爲主而杖而云姑在者舅主適婦喪則厭適子使不杖今有姑在姑主子喪恐姑既爲主則亦厭婦明今姑雖爲主不厭婦也所以知鄭意然者注下經一人杖云女子子在室亦童子也成人則正杖又喪大記云主之喪二日婦人皆杖注云婦人皆杖謂主婦容妾爲君女子子在室者也故喪服傳云婦人何以不杖亦不能病也是爲鄭鄭學者則謂爲童子婦人不能爲父母杖也而難鄭者云鄭以婦人不杖唯謂童子婦人然童女未嫁何以得稱婦人又喪服傳云童子何以不杖不能病乃云婦人何以不杖亦不能病明知婦人非童子也故賀循等

以爲婦人不杖謂出嫁之婦人不爲主則不杖其不爲主而杖者唯姑在爲夫杖故此記特明之鄭必以爲童子婦人乃不杖者鄭以此下經云女子子在室爲父母其主喪者不杖則子一人杖既云女子子在室是童女可知云主喪者不杖若主喪者杖則此童女不杖今由主喪者不杖則此童女一人杖鄭據此文故知婦人謂童子之婦人也若其成人出嫁婦人爲主皆杖故喪大記云三日子夫人杖五日授大夫世婦杖喪服傳妻爲夫杖小記云母爲長子杖是成人婦人皆杖也童女得稱婦人者喪服小功章云爲姪庶孫丈夫婦人之長殤是殤之童得稱婦人未嫁而稱婦人者以其將有適人之端故得稱婦人也○注許嫁至杖也○正義曰知許嫁及二十而笄爲成人正杖者以其許嫁則已有出適人之理非復在室其雖未許嫁已在二十而笄猶男子之冠非復童子故知成人則正杖也

○緦小功虞卒哭則免棺柩已藏嫌恩輕可以不免也言則免者則既殯先啓之間雖有事不免既葬而不報虞則雖主人皆冠及虞則皆免有故不得疾虞雖主人皆冠不可久無飾也皆免自主人至緦麻○報音赴下同冠如字又古亂反下及注皆同○爲兄弟

既除喪已及其葬也反服其服報虞卒哭則免如不報虞則除之小功以下○爲于僞反下注爲人君爲母下文爲之小功皆同遠葬者比反哭者皆冠及郊而后免反哭墓在四郊之外○比必利反○君弔雖不當免時也主人必免不散麻雖異國之君免也親者皆免不散麻者自若絞垂爲人君變貶於大斂之前既啓之後也親者大功以上也異國之君免或爲弔○絞古卯反○【疏】「緦小」至「皆免」○正義曰此一節論著免之節各隨文解之○緦小功虞卒哭則免者言遭緦小功之喪棺柩在時則當著免今至虞卒哭之時棺柩雖藏已久至虞卒哭之時亦著免也○注言則至不免○正義曰言則免者則既殯先啓之間雖有事不免者以經云虞卒哭則免明未虞之前則不免也虞前有葬葬是喪之大事棺柩既啓著免可知嫌虞與卒哭棺柩既掩不復著免故特言虞卒哭以明之也○注有故至緦麻○正義曰前云赴葬者赴虞於疾葬者疾虞今依時而葬不依時而虞主人以

下則皆冠不可久無飾也經云及虞則皆免承上文緦小功之下故知主人及緦麻皆免也○遠葬至反哭○遠葬者謂葬在四郊外遠處○比反哭者皆冠者既葬在遠處郊野之外不可無飾故至葬訖臨欲反哭之時乃皆著冠○及郊而后免反哭者謂著冠至郊而后去冠著免反哭於廟○君弔至皆免○凡大斂之前著免大功以上散麻大斂以後著冠不散麻糾其垂也至將葬啓殯之後已葬之前亦免大功以上亦散麻若君弔雖不當免時必爲之著免不散麻帶貶於大斂之前及既啓之後○雖異國之君免也親者皆免者已君之來其免如此雖他國君來與已國君同主人爲之著免主人既免大功以上親者皆從主人之免敬異國君也異國之君尚然已君來弔主人著免則親者亦免可知也○注不散至爲弔○正義曰不散麻者自若絞垂者若如也大斂以前散麻帶垂大斂畢後絞其垂者今人君來弔自如尋常絞之垂不散麻也所以然者爲人君變貶於大斂之前及既啓之後也云親者大功以上也者以經云不散麻謂大功以上令云親者皆免明據應合散麻之人故云大功以上也云異國之君免或爲弔者以經中既免字非一恐皆或爲弔故云異國之君免一字或爲弔也

除殤之喪者其祭也必玄殤無變文不縞冠玄

端黃裳而祭不朝服未純吉也於成人爲釋禫之服。朝直遥反下文同○除成喪者其祭也朝服縞冠成成人也縞冠未純吉祭服也既祥祭乃素縞麻衣【疏】除殤至縞冠。正義曰此一節明除殤及成人之喪各依文解之。除殤之喪者謂除長殤中殤下殤之喪其祭也必玄者其除喪祭服必玄冠玄端黃裳異於成人之喪也。注殤無至之服。正義曰殤無變者無虞卒哭及練之變服所以然者文不縟本服既重者意在於質不在繁縟若成人喪服初除著朝服禫祭始從玄端今除殤之喪即從禫服是文不繁縟也故鄭注喪服云縟數也玄冠玄端黃裳而祭不朝服未純吉也者以經云必玄故知玄冠玄端也知黃裳者若其素裳則與朝服純吉同故知黃裳也知不玄裳者以玄黃相對之色故知釋禫之服若云玄裳即與上士吉服玄端同文非釋禫服也。除成喪者其祭也朝服縞冠。成喪謂成人之喪其祥祭也衣朝服而縞冠所以朝服縞冠者未純吉也。注縞冠至服也。正義曰大夫朝服而祭朝服者玄冠緇衣素裳是純吉之祭服也今用縞冠是未純吉之祭服也。○奔父之喪括髮於堂上袒降踊襲絰于東方奔母之喪不括髮袒於堂上降踊襲免于東方絰即位成踊出門哭止三日而五哭三袒凡奔喪謂道遠已殯乃來也爲母不括髮以至成服一而已貶於父也即位以下於父母同也三日五哭者始至訖夕反位哭乃出就次一哭也與明日又明日之朝夕而五哭三袒者始至袒與明日又明日之朝而三也

〔疏〕奔父至三袒正義曰此一節論奔喪之法○奔父之喪括髮於堂上者於殯宮堂上不笄纚者奔喪異於初死也○袒降踊襲絰于東方者袒謂堂上去衣降堂阼階東而踊爲踊故袒既畢襲絰于東方襲謂掩所袒之衣帶絰東方謂東方既踊畢升堂襲帶絰于東序東○奔母之喪不括髮者初時括髮至又哭以後至於成服不括髮○袒於堂上降踊者與父同○襲免于東方者東方亦東序東父則括髮而加絰母則不括髮而加免此是異於父也此東方奔喪禮皆爲東序東○絰即位成踊者著免加絰已後即位於阼階之東而更踊故云成踊其即位成踊父母同於此之時賓來弔者則拜之奔喪禮所謂反位拜賓成踊是也○出門哭止者出殯宮之門就於廬故哭者止初來一哭與明日又明日朝夕之哭爲五哭也○三袒者初至袒

明日朝祖又明日朝祖故爲三祖雖其初死在家之時哭踊無節今聞喪已久奔喪禮殺故三日五哭異於在家也○注凡奔至三也○正義曰此謂已殯而來者若未殯之前而來當與在家同不得減殺也云即位以下於父母同也者約奔喪禮文故知同也三日五哭三祖鄭約初來及明日又明日朝夕之節而知也○

適婦不爲舅後者則姑爲之小功

謂夫有廢疾他故若死而無子不受重者小功庶婦之服也凡父母於子舅姑於婦將不傳重於適及將所傳重者非適服之皆如庶子庶婦也○〔疏〕適婦至小功正義曰適子之婦不爲舅後者則姑爲之服庶婦小功而已○注謂夫至婦也○正義曰夫有廢疾他故若死而無子不受重者鄭知此者以其經稱適婦明是適子之婦今云不爲舅後明知是夫有廢疾及他故死而無子者也云小功庶婦之服也者以父母於子適者正服期則適婦宜大功庶婦故小功也云將不傳重於適者如上所云廢疾他故死而無子之屬是也云及將所傳重非適者爲無適子以庶子傳重及養他子爲後者也

附釋音禮記注疏卷第三十二

奉新余成教校

清嘉慶二十年重刊

宋本十三經注疏並經典釋文校勘記

江西南昌府學栞

禮記注疏卷三十三挍勘記　阮元撰盧宣旬摘録

喪服小記

絰殺五分而去一節

絰殺至如絰　惠棟挍宋本無此五字

苴絰大搹　考文引宋板同閩監毛本苴誤首衛氏集說同

除喪者先重者節

婦人除乎帶　惠棟挍宋本同宋監本同岳本同嘉靖本同衛氏集說同考文引古本足利本同閩監毛本帶誤要

除喪至輕者　惠棟挍宋本無此五字

及除脫之義　惠棟挍宋本作除衛氏集說同此本除誤餘閩監毛本同

以其所重故也　惠棟挍宋本同衞氏集說同閩監毛本故誤要

但以麻易男要女首　惠棟挍宋本如此衞氏集說同此本男要二字闕閩監毛本男要誤故男

復與書銘節

復與至書氏　惠棟挍宋本無此五字

故復及銘皆書稱名也　閩監毛本同浦鏜挍云書字當在銘字上

若妾有不知姓者當稱氏矣　考文引宋板同衞氏集說同閩監毛本當誤常

斬衰之葛節

麻同皆兼服之　惠棟挍宋本有此一句在齊衰之葛節注七十六之下石經同宋監本同岳本同嘉靖本同衞氏集說同陳澔集說同考文引古本足利本同石經考文提要云宋大字本宋本九經南宋巾箱本余仁仲本劉叔

剛本至善堂九經本並如此毛本亦有惟同字作葛此本六字脫閩監本同岳本考證云永懷堂本脫此句

皆者皆上二事也兼服之謂服麻又服葛也男子則經上服之葛帶下服之麻婦人則經下服之麻同自帶其故帶也所謂易服易輕者也兼服之文主於男子此六十一字係麻同皆兼服之注惠棟挍宋本有米監本同岳本同嘉靖本同衛氏集說同惟無皆者皆上二事也七字毛本亦有惟固自帶之帶誤當兼服之文文誤又此本全脫閩監本同

斬衰至服之惠棟挍宋本無此五字

麻同皆兼服之者惠棟挍宋本同衛氏集說同閩監毛本同誤葛

兼服謂服麻又服葛也惠棟挍宋本作又此本又字闕閩監毛本又作兼

案喪服傳云苴絰大搹惠棟挍宋本同閩監毛本苴誤首衞氏集說同下就苴絰九寸

之中同

凡笇之法閩監毛本同衛氏集說笇作筭浦鏜挍笇改笇○按笇俗字也笇又笇之誤

納子餘分以爲積數惠棟挍宋本亦作納衛氏集說同閩監毛本納誤約

但其事繁碎惠棟挍宋本同衛氏集說同閩監毛本繁誤繫

同自帶其故帶也者閩監毛本同惠棟挍宋本同作固

報葬者報虞節

報葬至卒哭惠棟挍宋本無此五字

謂是安神惠棟挍宋本謂作虞是也閩監毛本並誤謂

而待齊哀殺也惠棟挍宋本哀上無齊字此誤衍也閩本同監毛本誤作而待齊哀殺也

父母之喪節

喪之隆衰宜從重也 惠棟挍宋本作衰考文引古本同此本衰誤哀閩監毛本同岳本同嘉靖本同衛氏集說同

父母至斬衰 惠棟挍宋本無此五字

卒事之後還服父服 閩監毛本同惠棟挍宋本後還作日反衛氏集說同

大夫降其庶子節

大夫至之喪 惠棟挍宋本無此五字

其子亦不敢服 閩監毛本同惠棟挍宋本無其字

夫爲人後者節

以不貳降 考文引宋板作隆衛氏集說同此本隆作降閩監毛本同岳本同嘉靖本同釋文出不貳降云一本作隆盧文弨挍云宋本作隆是也

夫爲至大功 惠棟按宋本無此五字

人生不及祖之徒 惠棟按宋本作祖衞氏集說同此本祖誤相閩監本同毛本及祖誤相及

熊氏云然恐賀義未盡善也 閩監本同毛本脫然字惠棟按宋本也作矣

士祔於大夫節

士祔至易牲 惠棟按宋本無此五字

依主人之貴賤禮供之 惠棟按宋本作亡此本亡誤主閩監毛本同

哭朋友者節 閩監毛本祔葬者不筮宅提行別爲一節惠棟云哭朋至南面正義二則宋本接在門外寢門外之下衞氏集說分節同

哭朋至南面 惠棟按宋本無此五字

以對荅弔賓 閩監毛本同惠棟按宋本賓作客衞氏集說同

士大夫不得祔於諸侯節

士大至於士　惠棟挍宋本無此五字

諸祖祖之兄弟也　閩本同惠棟挍宋本同衞氏集說同監毛本下祖誤祔

宗子母在節

宗子至妻禫　惠棟挍宋本無此五字

則杖有不禫禫有不杖者　案不禫字下○誤衍監本同

小記篇云庶子在父之室　閩監毛本同惠棟挍宋本篇作又

庶子不得爲妻杖也　惠棟挍宋本作禫此本禫誤杖閩監毛本同

爲慈母後者節

父之妾無子者　閩監本岳本嘉靖本衞氏集說同毛本父誤夫

爲慈至可也　惠棟挍宋本無此五字

母道舊定不假須父命之　考文引宋板同閩監毛本假須作須假

爲父母妻長子禫節

日所爲禫者也　惠棟挍宋本日作目正義同宋監本同嘉靖本同衞氏集說同考文引古本足利本同此本日誤日閩監毛本目作自岳本同

爲父至子禫　惠棟挍宋本無此五字

鄭云自所爲禫者　閩監毛本同惠棟挍宋本自作目衞氏集說同

丈夫冠而不爲殤節

丈夫冠而不爲殤　閩監毛本同石經同岳本同嘉靖本同衞氏集說同浦鏜挍云丈夫冠賈公彥士冠禮疏及楊復齋儀禮圖喪服殤大功九月七月章引此皆作大夫按文與婦人相對似作丈夫爲正但賈楊所見本不應

並誤今此節疏義不存無可考按姑闕所疑以俟達者按集說載山陰陸氏云不言男子女子言丈夫婦人則以冠宜有丈夫之道笄宜有婦德故也審陸此言是宋所見本亦作丈夫也○按賈氏士冠疏誤耳

未許嫁與丈夫同 閩監毛本同岳本同嘉靖本同惠棟按宋本同下有也字衛氏集說同考文引古本同

爲殤至服之 惠棟按宋本無此五字

此一節論宗子殤死 閩監毛本同考文引宋板節作經衛氏集說

以其父無殤義故也 閩監本同衛氏集說同毛本無誤爲

既不與殤爲子 閩本同惠棟按宋本同衛氏集說同監毛本與誤爲

依其班秩如本列也 閩監本同毛本如誤也

不責人以非時之恩 惠棟按宋本同衛氏集說同閩監本恩誤思

故推此時本親兄弟　惠棟挍宋本作推衞氏集說同此本推誤折閩監毛本同

久而不葬者節

久而至則已　惠棟挍宋本無此五字

故謂此在不除之例　閩監毛本同續通解無故字

不俟言而明矣　閩監本同毛本矣字脫

謂庾言爲是　閩監本同毛本言字脫

箭笄終喪三年節

箭笄終喪三年　閩監毛本同石經同岳本同嘉靖本同衞氏集說同段玉裁挍云注自卷持蒙齊衰惡笄帶以終喪而言則此箭笄下亦當有帶字

箭笄終喪三年　惠棟挍宋本無此六字

齊衰三月節

齊衰三月閩監本同石經同岳本同嘉靖本同衛氏集說同考文引宋板同毛本月誤日

齊衰至繩屨惠棟挍宋本無此五字

大功以上同名重服惠棟挍宋本作上衛氏集說同此本上誤下閩監毛本同

所以同其末屨以表恩而不同也考文引宋板同閩監毛本末作麻而作無

練筮日節

練筮至筮尸惠棟挍宋本無此五字

此一經論練祥筮日筮尸之時閩監毛本同衛氏集說筮尸下有視濯二字

故孝子便去杖亦敬生故也閩本同考文引宋板同衛氏集說同監毛本生作賓

則非祥後之服閩監毛本同衛氏集說同續通解則作明

故引以證之　惠棟挍宋本有之字衛氏集說同此本之字脫閩監毛本同

庶子在父之室節

舅不主妾之喪　閩監毛本同岳本同嘉靖本同衛氏集說同盧文弨挍云足利古本妾作庶妻似當作庶子妻

庶子至可也　惠棟挍宋本無此五字

禫爲服外故微奪之可　惠棟挍宋本同閩監毛本可作耳

按祖不厭孫　惠棟挍宋本同續通解同閩監毛本按誤於

猶如庶子之子亦非厭也　惠棟挍宋本如此閩本子亦二字闕此本子亦誤者非監毛本同

若妻次子既非正嗣　惠棟挍宋本作正衛氏集說同此本正誤丌閩監毛本正誤冢

言卽位如似適婦之喪惠棟挍宋本同閩監毛本似作依

今嫌爲妻亦得杖惠棟挍宋本同閩監毛本嫌誤姑

諸侯弔於異國之臣節

諸侯至錫衰惠棟挍宋本無此五字

若自弔巳臣惠棟挍宋本同衞氏集說同閩監毛本自誤曰

主人必免者此承上也毛本同閩監本者誤著

今鄰國君弔君爲之主閩毛本同監本弔誤○

是殯後乃成服也惠棟挍宋本亦作後監毛本後誤也閩本後誤乃

養有疾者節

則不易己之喪服惠棟挍宋本同石經同岳本同衞氏集說同閩監毛本己誤巳嘉靖本同

養有至者否　惠棟挍宋本無此五字

親族有疾患者養之法　閩監毛本同衞氏集說同盧文弨本疾改病

疾者既死無生後　閩監本同毛本生作主衞氏集說同

本有喪謂有前喪之服也　惠棟挍宋本同閩監毛本謂誤服

妾無妾祖姑者節

妾無至可也　惠棟挍宋本無此五字

今又無高祖妾祖姑　惠棟挍宋本同閩監毛本又作妾

婦之喪虞卒哭節

婦之至爲主　惠棟挍宋本無此五字

虞與卒哭其在於寢　按其當作具

士不攝大夫惠棟校宋本如此此本作士不至宗子閩監毛本同

陳器之道節

陳器至可也惠棟按宋本無此五字

故既夕禮注云閩本作夕惠棟按宋本同此本夕誤名監毛本同

奔兄弟之喪節

而後之家閩監毛本同石經同岳本嘉靖本衞氏集說同惠棟按宋本後作后宋監本同○按經傳多借后爲後

而后之墓惠棟按宋本同石經同宋監本同岳本嘉靖本衞氏集說同閩監毛本后作後

奔兄至之墓惠棟按宋本無此五字

與諸侯爲兄弟者節

恐彼此俱作諸侯爲之服斬惠棟挍宋本作彼衞氏集說同此本彼誤經閩監毛本同

或服本義之服惠棟挍宋本義作親是也閩監毛本並誤義

故知客在異國也閩監毛本同惠棟挍宋本客作容衞氏集說同

據本國經爲卿大夫者也閩本同惠棟挍宋本同監毛本經作輕

外宗爲君夫人如內宗惠棟挍宋本同閩監毛本夫人誤大夫

下殤小功節

帶澡麻不絕本各本同石經同釋文出不絕云本或作不絕本非也按正義云故云帶澡麻不絕不絕謂不斷本也是正義本亦無本字也

澡率治麻爲之惠棟挍宋本作之宋監本同岳本同嘉靖本同衞氏集說同此本之誤經閩監毛本

同

凡殤散帶垂毛本作帶岳本同嘉靖本同衛氏集說同此本帶誤絶閩監本同釋文出散帶正義同

下殤至報之惠棟挍宋本無此五字

服澡麻爲經帶惠棟挍宋本同衛氏集說同閩監毛本經誤輕

婦祔於祖姑節惠棟云婦祔節宋本分爲父後以下半節合下婦人不爲主節爲一節

謂舅之母死惠棟挍宋本作之宋監本同岳本同嘉靖本同衛氏集說同考文引古本足利本同此本之誤姑閩監毛本同

適子正體於上當祭祀也惠棟挍宋本作祀岳本同嘉靖本同考文引古本足利本同此本祀誤禮閩監毛本同衛氏集說同

婦祔至故也惠棟挍宋本無此五字

婦人不爲主節

母爲長子削杖惠棟按宋本同石經同宋監本同嘉靖本同衞氏集說同閩監毛本杖誤長

母爲長子服各本同釋文無長字

婦人至人杖惠棟按宋本無此五字。

但夫是移天之重惠棟按宋本作天衞氏集說同此本天誤夫閩監毛本同山井鼎云宋板爲是唐柳宗元文移天夙喪注女子家則父天嫁則夫天故曰移

又喪大記云主之喪二日閩監本同毛本二作三非考文引宋板主作士是也

童女得稱婦人者惠棟按宋本同閩監毛本女誤子

緦小功節

不可久無飾也惠棟按宋本作飾宋監本同岳本同嘉靖本同衞氏集說同按正義亦作飾此本飾

誤節閩監本同

遂葬者比反哭者閩監本同石經同岳本同嘉靖本同衛氏集說同毛本哭誤器

不散麻者自若絞垂毛本同岳本同嘉靖本同衛氏集說同閩監本散誤敢

緦小至皆免惠棟挍宋本無此五字

除殤之喪者節

文不縞冠元端閩監毛本同嘉靖本同衛氏集說同岳本縞作縟釋文出不縟段玉裁挍本從九經三傳沿革例作文不縟元冠元端按段是也盧文弨挍亦依疏冠上增元字

除殤至縞冠惠棟挍宋本無此五字

適婦不爲舅後者節

適婦不爲舅後者閩監毛本同石經同岳本同嘉靖本同衛氏集說同陳澔集說舅下衍姑字

皆如庶子庶婦也　閩監毛本同嘉靖本同衛氏集說同惠棟挍宋本上庶作衆岳本同考文云足利本下庶作衆

適婦至小功　惠棟挍宋本無此五字

則姑爲之服庶婦小功而已　考文引宋板之上無爲字衛氏集說同此誤衍也閩監毛本同

以父母於子適者正服期　閩監本同毛本子適二字倒

爲後者也　惠棟挍宋本此下標禮記正義卷第四十三終記云凡二十四頁

禮記注疏卷三十三挍勘記

附釋音禮記注疏卷第三十四

禮記　鄭氏注　孔穎達疏

大傳第十六 ○陸曰鄭云以其記祖宗人親之大義故以大傳爲篇 疏 正義曰案鄭目録云名曰大傳者以其記祖宗人親之大義此於别録屬通論

禮不王不禘王者禘其祖之所自出以其祖配之 凡大祭曰禘自由也大祭其先祖所由生謂郊祀天也王者之先祖皆感大微五帝之精以生蒼則靈威仰赤則赤熛怒黃則含樞紐白則白招拒黑則汁光紀皆用正歲之正月郊祭之蓋特尊焉孝經曰郊祀后稷以配天配靈威仰也宗祀文王於明堂以配上帝汎配五帝也○不王如字又于況反下同禘徒細反下同大微音泰下文注大祖大王皆同熛必遥反樞昌朱反紐女九反拒俱甫反叶本又作汁戸牒反汜配芳劒反 諸侯及其大祖 大祖受封君也 大夫士有大事省於其君干祫及

其高祖大事寇戎之事也省善也善於其君謂免於大難也干猶空也空祫謂無廟祫祭之於壇墠○省舊仙善反案爾雅云省卽訓善息靖反無煩改字祫徐音洽難乃旦反壇大丹反墠音善

〔疏〕禮不至高祖○正義曰此一節論王及諸侯大夫士祭先祖之義各隨文解之○此禘謂郊祭天也然郊天之祭唯王者得行故云不王不禘也王者禘其祖之所自出以其祖配之者此文具於小記於彼已釋之○注禮大至帝也○正義曰案爾雅釋天云禘大祭也此禘謂祭天云王者之先祖皆感大微五帝之精以生者案師說引河圖云慶都感赤龍而生堯又云堯赤精舜黃禹白湯黑文王蒼又元命包云夏白帝之子殷黑帝之子周蒼帝之子是其王者皆感大微五帝之精而生云蒼則靈威仰至汁光紀者春秋緯文耀鉤文云皆用正歲之正月郊祭之者案易緯乾鑿度云三王之郊一用夏正云蓋特尊焉者就五帝之中特祭所感生之帝是特尊焉注引孝經云郊祀后稷以配天者證禘其祖之所自出以其祖配之又引宗祀文王於明堂以配上帝者證文王不特配感生之帝而汎配五帝矣○諸侯及其大祖大祖始封君也諸侯非王不得郊天配祖於廟及祭大祖耳○大夫士有大事省於其君干祫及其高祖○省善也干空也空祫謂無廟也大夫士知識劣

於諸侯故無始封之祖若此大夫士有勳勞大事爲君所善者則此是識深故君許其祫祭至於高祖但無始祖廟雖得行祫唯至於高祖並在於壇空而祫之故云空祫及其高祖也祭法云大夫二廟二壇顯考無廟雖是無廟而有壇爲祈禱而祭之今唯云及高祖是祫不及始祖以卑故也然此對諸侯爲言言支庶爲大夫士者耳若適爲大夫亦有大祖故王制云大夫三廟一昭一穆與大祖之廟而三是也師說云大夫有始祖者鬼其百世若有善於君得祫則亦祫於大祖廟中偏祫大祖以下也○注祭之於壇墠○正義曰案祭法大夫二壇則大夫無墠而此言墠者通言耳或通云上士二廟一壇下士一廟無壇若有功當爲墠而祫祭之也

牧之野武王之大事也既事而退柴於上帝祈於社設奠於牧室柴祈奠告天地及先祖也牧室牧野之室也古者郊關皆有館焉先祖者行主也○遂率天下諸侯執豆籩逡奔走逡疾也疾奔走言勸事也周頌曰逡奔走在廟○逡息俊反注同追王大王亶父王季歷文王昌不以卑臨尊也不用

諸侯之號臨天子也文王稱王早矣於殷猶爲諸侯於
是著焉○追王于況反亶丁但反父音甫著知慮反〔疏〕
牧之至尊也○正義曰此一節論武王伐紂率領諸侯以祭
祖廟追王大王王季上尊祖禰之事與前相接也○牧之野
武王之大事也者言牧野之戰是武王之事大者也○既事
而退者既戰罷而退也○柴於上帝者謂燔柴以告天祈於
社者陳祭以告社也設奠於牧室者設此奠祭於牧野之館
室以告行主也○遂率天下諸侯者上言告祭既訖遂率領
天下諸侯執豆籩疾奔走而往在廟祭先祖於此之時乃追
王大王大○王名亶父者又追王王季歷及文王昌等爲王所以然
者不以諸侯之卑號臨天子之尊也○注古者至主也○正
義曰知郊關有館者遺人云凡國野十里廬三十里有宿五
十里有市道路尚然明郊關亦有館舍鄭言此者證牧野有
室云先祖者行主也者案曾子問篇云古者師行必以遷廟
主行故甘誓云用命賞于祖此武王所載行主者也案周本
記○云載文王木主以其成文王之業故不載遷廟主其社則
在野外祭之故不在牧室此社是土地之神故鄭云柴祈告
天地也○注周頌至在廟○正義曰周頌所云謂周公攝政
云○年祭清廟此經遂奔走謂武王伐紂而還告廟其事不同
引之者證奔走不異故引之知執豆籩行還告廟者以此經

上云柴祈設奠下云遂率天下諸侯是柴祈禮畢故武成云丁未祀于周廟駿奔走執豆籩而皐氏云爲柴祈奠於牧室之時諸侯執豆籩非此經文之次又與武成違其義非也○注不用至著焉○正義曰案此武王追王大王亶父王季歷文王昌案合符后云文王立后稷配天追王大王亶甫王季歷與此不同者文王暫追王王耳號謚未定至武王時乃定之矣中庸云周公追王大王王季者謂以王禮改葬耳不改葬文王者先以王禮葬故也此大王王季追王者王迹所由興故追王也所以追王者以子爲天子而不以卑臨尊若非王迹所由不必追王也故小記云父爲士子爲天子諸侯祭以天子諸侯其尸服以士服是也周語云先王不窋武成云先王建邦啓土謂后稷皆稱先王者以王者之先祖故通稱先王也契稱玄王與此同矣○文王稱王早矣者土無二王殷紂尚存卽爲早所以早稱王者案中候我應云我稱非早一民固下注云一民心固臣下雖於時爲早於年爲晚矣故周本記云文王受命六年立靈臺布王號於時稱王九十六也故文王世子云君王其終撫諸是也文王既稱王王文王生雖稱王號稱猶未定故武王追王乃定之耳

○上治祖禰尊尊也下治子孫親親也旁治昆弟合

族以食序以昭繆別之以禮義人道竭矣治猶正也繆讀爲穆聲之誤也竭盡也○禰本或作禰年禮反繆音木別彼列反下至其庶姓別文注並同繆讀莫侯反又音謬〔疏〕上治至竭矣○正義曰此一節論武王伐紂之後因治親屬合族之禮敘昭穆之事○上治祖禰尊尊也者治猶正也上正治祖禰是尊其尊也○下治子孫親親也者下正於子孫是親其親也上主尊敬故云尊尊下主恩愛故云親親○旁治昆弟者謂旁正昆弟逾遠疏也○合族以食者言旁治昆弟之時合會族人以食之禮又次序族人以昭穆之事所謂旁治昆弟也○別之以禮義人道竭矣者揔結上治祖禰下治子孫旁治昆弟言此三事皆分別之以禮義使人義之道理竭盡於此矣聖人南面而聽天下所且先者五民不與焉且先言未遑餘事聽體寧反與音預○一曰治親二曰報功三曰舉賢四曰使能五曰存愛功功臣也存察也察有仁愛也五者一得於天下民無不足無不贍者五者一

物紕繆民莫得其死物猶事也紕繆猶錯也五事得則民足一事失則民不得其死明政之難○贍本又作贍食艷反紕匹彌。徐孚夷反又方齊反繆音謬本或作謬聖人南面而治天下必自人道始矣人道謂此五事立權度量考文章改正朔易服色殊徽號異器械別衣服此其所得與民變革者也權稱也度丈尺也量斗斛也文章禮法也服色車馬也徽號旌旗之名也器械禮樂之器及兵甲也衣服吉凶之制也徽或作褘○量音亮注同正音征徽諱帚反械戶戒反別彼列反稱尺證反褘許帚反其不可得變革者則有矣親親也尊尊也長長也男女有別此其不可得與民變革者也四者人道之常○長長並丁丈反○後除注隸者長並同別彼列反○〔疏〕聖人至者也正義曰此一節廣明聖人受命以臨天下有不可變革及有可變革之事各隨文解之云所且先者五謂聖人即位未遺餘事所且欲先行者而有五種之事也即下云一曰治親之屬是也民不與焉者言此五事皆王者所急行民不得干與焉言民未行也以治報親功之事皆非民所行故不得干與焉○一曰治親者此治親卽鄉者三事三事若正則於家國皆正故急在前○二曰報功者既已正親故下又報於有所功勞者使爲諸侯之屬是也緩於親親故次治親○三日舉賢者雖已報於有功若巖穴有賢德之士未有功者舉而用之報功宜急此又次也○四曰使能者能謂有道藝既無功德又非賢能而有道藝亦祿之使各當其職也輕於賢德故次之○五曰存愛者存察也愛仁也治親報功舉賢使能爲政既足又宜察於民下側陋之中者若有雖非賢能而有仁愛之心亦賞異之○五者一得於天下者謂上五事一皆得行於天下則民無有不足無有不贍者贍是優足之餘也○五者一物紕繆者謂此五事之中但有一事紕繆則民莫得其死莫無也言無得以理壽終而死也聖人南面而治天下必自人道始矣者人道卽治親報功舉賢使能存愛是以理相承順之道聖人先以此爲始故云必自人道始也○立權度量者此一經至人與民變革者也廣明損益之事並輕故可隨民與變改革也權謂稱錘度謂丈尺量謂斗斛也言新制天下必宜造此物也○考文章者考校也文章國之禮

法也○改正朔者正謂年始朔謂月初言王者得政示從我始改故用新隨寅丑子所損也周子殷丑夏寅是改正也周夜半殷雞鳴夏平旦是易朔也○易服色者服色車馬也易之謂各隨所尚赤白黑也○殊徽號者殊別也徽號旌旗也周大赤殷大白夏大麾各有別也○異器械者器爲楬豆房俎禮樂之器也械謂戎路革路兵甲之屬也別衣服者周吉服九章虞以十二章殷凶不厭賤周貴則降卑也○此其所得與民變革者也結權度量以下諸事是末故可變革與民爲新亦示禮從我始也○注文章至制也○正義曰禮法謂夏殷周損益之禮是也云服色車馬也者謂夏尚黑殷尚白周尚赤車之與馬各用從所尚之正色也云徽號旌旗之名也者謂周禮九旗是也然九旗之外又有小旌旗故司常云官府各象其事州里各象其名家各象其號與此同也鄭引士喪禮云爲銘各以其物亡則以緇長半幅赬末長終幅廣三寸是徽號與此同矣○

同姓從宗合族屬異姓主名治際會名著而男女有別合合之宗子之家序昭穆也異姓謂來嫁者也主於母與婦之名耳際會昏禮交接之會也著明也母婦之名不明則人倫亂也亂者若衞宣公楚平王爲子取而自納焉○際音祭著

知慮反爲于僞反下相爲同【疏】同姓至有別○正義曰此一節論同姓從宗異姓主名明男女有別之事各隨文解之○同姓從宗者同姓父族也從宗謂從大小宗也○合族屬者謂合聚族人親疏使昭爲一行穆爲一行同時食故曰合族屬也○異姓主名治際會者異姓謂他姓之女來爲已姓之妻繫夫之親主爲母婦之名夫若爲父行則主母名夫若子行則主婦名治正也際會所以主此母婦之名正昬姻交接會合之事○名著而男女有別者若母婦之名著則男女尊卑異等各有分別不相淫亂凡姓族異者所以別異人也猶萬物皆各有名以相分別天子賜姓賜氏諸侯但賜氏不得賜姓降於天子也故隱八年左傳云無駭卒公問族於衆仲衆仲對曰天子建德因生以賜姓胙之土而命之氏諸侯以字爲謚因以爲族官有世功則有官族邑亦如之以此言之天子因諸侯先祖所生賜之曰姓杜預云若舜生嬀汭賜姓曰嬀封舜之後於陳以所封之土命爲氏舜後姓嬀而氏曰陳故鄭駮異義云炎帝姓姜大皥之所賜也黃帝姓姬炎帝之所賜也故堯賜伯夷姓曰姜賜禹姓曰姒賜契姓曰子賜稷姓曰姬著在書傳如鄭此言是天子賜姓也諸侯賜卿大夫以氏若同姓公之子曰公子公子之子曰公孫公孫之子其親已遠不得上連於公故以王父字爲氏若適

夫人之子則以五十字伯仲爲氏若魯之仲孫季孫是也若庶子妾子則以二十字爲氏則展氏臧氏是也若男女則以父祖官及所食之邑爲氏以官爲氏者則司馬司城是也以邑爲氏者若韓趙魏是也凡賜氏族者此爲卿乃賜有大功德者生賜以族若叔孫得臣是也雖公子之身若有大功德則以公子之字賜以爲族若仲遂是也其無功德死後乃賜族若無駭是也若子孫不爲卿其君不賜族子孫自以王父字爲族也氏族對之爲别散則通也故左傳云問族於衆仲下云公命以字爲展氏是也其姓與氏散亦得通故春秋有姜氏子氏姜子皆姓而云氏是也○注若衞至納焉○正義曰案春秋左氏傳桓十六年初衞宣公烝於夷姜生急子娶於齊而美公取之生壽及朔又昭十九年左傳楚平王鄖陽封人之女奔之生大子建爲大子建取秦女而美平王自納之是其淫亂之事也

其夫屬乎父道者妻皆母道也其夫屬乎子道者妻皆婦道也

言母婦無昭穆於此統於夫耳母焉則尊之婦焉則卑之尊之卑之明非己倫以厚別也○屬音燭

謂弟之妻婦者是嫂亦可謂之母乎

言不可也謂之婦與嫂者

以其在已之列以名遠之耳復謂嫂爲母則令昭穆不明昆弟之妻夫之昆弟不相爲服不成其親也男女無親則遠於相見○嫂本又作婹悉早反遠于萬反下同復扶又反令力呈反

名者人治之大者也可無慎乎

人治所以正人○治直吏反注同

【疏】其夫至道也○正義曰此一經言他姓婦人來嫁已族本無昭穆於已親惟繫夫尊卑而定母婦之號也○其夫屬乎父道者道猶行列也若其夫隨屬於已之父行者其妻皆即已之母行也故云妻皆母道也○其夫屬乎子道者妻皆婦道也者謂其夫隨屬於已之子行者其妻皆婦行也故婦人來嫁已伯父之列即謂之爲母也來嫁於已之子姪之行即謂之爲婦也○注言母至別也○正義曰云母婦無昭穆於此者此謂已之族也言他姓之女或爲婦或爲母先無昭穆於已之親族云統於夫耳者言所以有母婦名者謂繫統於夫始有母婦之名也云尊之卑之明非已倫以厚別也者謂之爲母者則尊敬之謂之爲婦者即卑遠之既尊卑縣絶明知非已之倫位所以厚重相分別之義也凡男女若無尊卑倫類相聚即淫亂易生爲無相分別也○謂弟至母乎○此一經論兄弟之妻相稱謂之義凡子行之妻乃謂之爲婦弟非子行其妻亦謂之婦者以兄弟同倫

嫌相褻瀆弟雖非子行其妻同子行之妻謂之爲婦欲卑遠
之弟妻既得爲婦號記者恐兄妻得爲母號故記者明之云是
嫂亦可謂之母乎言嫂不可亦謂之爲母也然弟妻既得爲婦兄
妻不可亦得爲母者然弟小於已妻必幼稚故可謂之爲婦
而嫂不可借子妻之名謂之爲婦嫂雖是兄妻年必與已相
類既不甚縣絶何得謂之爲母且弟妻既爲婦兄妻又爲母
便是昆弟之倫翻爲父子之例故嫂不可謂之爲母而借嫂
老之名以爲兄妻之號也○注言不至相見○正義曰言不
可者謂嫂不可爲母也云謂之婦與嫂者以其在已之列以
名遠之耳者謂之婦者弟妻謂之嫂者兄妻在已之列謂兄
弟之妻在已之倫列恐相褻瀆故弟妻假以同子婦之名謂兄
妻假以嫂老之名殊遠之也云復謂嫂爲母則令昭穆不明
者既以子妻之名名弟妻爲婦若又以諸父之妻名名兄妻
爲母則上下全亂昭穆不明故不可也鄭注喪服亦云弟之
妻爲婦者卑遠之故謂之婦嫂者尊嚴之是嫂亦可謂之母
乎言其不可也故言乎以疑之是弟妻可借婦名是兄妻不
可借母名與此注正合無相違也而皇氏引諸儒異同煩而
不當無所用也云昆弟之妻夫之昆弟不相爲服不成其親
也者若男女尊卑隔絶相服成親義無混雜此兄弟之妻已
之倫列若其成親爲服則數相聚見姦亂易生故令之無服

所以疏遠之云男女無親則遠於相見者以其仝同路人恩親不接故云遠以相見○名者人治之大者也可無慎乎○名謂母婦之名言得之則昭穆明失之則上下亂是人治之大者也可得不慎之乎言須慎名也○四世而緦服之窮也五世袒免殺同姓也六世親屬竭矣四世共高祖五世高祖昆弟六世以外親盡無屬名○免音問殺色界反徐所例反其庶姓別於上而戚單於下昏姻可以通乎問之也玄孫之子姓別於高祖五世而無服姓世所由生○戚千歷反單音丹婚姻如字繫之以姓而弗別綴之以食而弗殊雖百世而昏姻不通者周道然也周之禮所建者長也姓正姓也始祖為正姓高祖為庶姓繫之弗別謂若今宗室屬籍也周禮小史掌定繫世辨昭穆○繫音計又戶計反別皇如字舊彼列反注及下同綴丁衛反連合也食音嗣定繫戶計反一音計

【疏】四世至然也○正義曰此一節論殷周統敘宗族之異各依文解之○四世而緦服之窮也者四世

謂上至高祖以下至己兄弟同承高祖之後爲族兄弟相報緦麻是服盡於此故緦麻服窮是四世也爲親兄弟期一從兄弟大功再從兄弟小功三從兄弟緦麻共承高祖爲四世而緦服盡也○五世袒免殺同姓也者謂共承高祖之父者也言服袒免而無正服減殺同姓也○六世親屬竭矣者謂其承高祖之祖者也言不服袒免同姓而已故云親屬竭矣○其庶姓別於上者此作記之人以殷人五世以後可以通婚故將殷法以問於周云周家五世以後庶姓別異於上與高祖不同各爲氏族不共高祖別自爲宗是別於上也○而戚單於下者戚親也單盡也謂四從兄弟因親盡於下各自爲宗不相尊敬庶衆也高祖以外人轉廣遠分姓衆多故曰庶姓也高祖以上復爲五宗也○婚姻可以通乎者問者既見姓別親盡雖是周家婚姻應可以通乎問其可通與否○注問之至由生○正義曰問之者是記者以殷法而問周五世後昏姻可以通否云玄孫之子姓別於高祖者玄孫與高祖服屬仍同其姓與高祖不異玄孫之子則四從兄弟承高祖父之後至己五世而無服各事小宗因字因官爲氏不同高祖之父是庶姓別於上庶姓爲衆姓也則氏族之謂也云姓世所由生者據五世無服不相稟承各爲氏姓故云姓世所由生○繫之至然也○前文記者以殷法而問周此經記

者以周法而荅問言周法婚姻不可通也○繫之以姓而弗別者周法雖庶姓別於上而有世繫連繫之以本姓而不分別若姬氏姜氏大宗百世不改也○綴之以食而弗殊者連綴族人以飲食之禮而不殊異也○雖百世婚姻不通者言雖相去百世而婚姻不得通○周道然也者言周道如此異於殷也是不許問者之辭也○注姓正至昭穆○正義曰姓正姓者對氏族爲正姓也云始祖爲正姓者若炎帝姓姜黃帝姓姬周姓姬本於黃帝齊姓姜本於炎帝宋姓子本於契是始祖爲正姓也云高祖爲庶姓者若魯之三桓慶父叔牙季友之後及鄭之七穆子游子國之後爲游氏國氏之等云若今宗室屬籍也者以漢之同宗有屬籍則周家繫之以姓是也云小史掌定繫世者周禮小史之官掌定帝繫世本知世代昭穆故云定繫世辨昭穆也

○服術有六一曰親親二曰尊尊三曰名四曰出入五曰長幼六曰從服

術猶道也親親父母爲首尊尊君爲首名世母叔母之屬也出入女子子嫁者及在室者長幼成人及殤也從服若夫爲妻之父母妻爲夫之黨服○夫爲妻于僞反下至其義然也注皆同

【疏】服術至從服○正義曰此經明服術之制也一

曰親親者父母爲首次以妻子伯叔二曰尊尊者君爲首次以公卿大夫○三曰名者若伯叔母及子婦并弟婦兄嫂之屬也○四曰出入者若女子子在室爲入適人爲出及出繼爲人後者也○五曰長幼者長謂成人幼謂諸殤○六曰從服者卽下從服有六等是也○注從服至黨服

正義曰案從服有六略舉夫妻相爲而言之也

□從服有六有屬從子爲母之黨有徒從臣爲君之黨有從有服而無服公子爲其妻之父母有從無服而有服公子之妻爲公子之外兄弟○公有從重而輕夫爲妻之父母有從輕而重公子之妻爲其皇姑

【疏】從服至而重○正義曰從服有六者從衍之中別有六種有屬從一也屬謂親屬以其親屬爲其支黨鄭云子爲母之黨是也鄭舉一條耳妻從夫夫從妻竝是也○有徒從二也徒空也與彼無親空服彼之支黨鄭云臣爲君之黨鄭亦略舉一條妻爲夫之君妾爲女君之黨庶子爲君母之親子爲母之君母竝是也○有從有服而無服三也鄭引服問篇云公子爲其妻之父母其妻爲本生父母期而公子爲君所厭不得服從是妻有服而公子無服是從有服而無服嫂叔無服

亦是也。有從無服而有服四也鄭亦引服問篇云公子之妻爲公子之外兄弟也公子被君厭爲巳外親無服而妻猶服之是從無服而有服娣姒亦是也。有從重而輕五也鄭引服問篇云夫爲妻之父母妻自爲其父母期爲重夫從妻服之三月爲輕是從重而輕也舅之子亦是也。有從輕而重六也鄭引服問云公子之妻爲其皇姑公子爲君所厭自爲其母練冠是輕其妻猶爲服期是從輕而重也

○自仁率親等而上之至于祖名曰輕自義率祖順而下之至于禰名曰重一輕一重其義然也自猶用也率循也用恩則父母重而祖輕用義則祖重而父母輕恩重者爲之三年義重者爲之齊衰然如是也。上時掌反

〔疏〕自仁至然也。正義曰此一經論祖禰仁義之事也。自用也仁恩也率循也親謂父母也等差也子孫若用恩愛依循於親節級而上至於祖遠者恩愛漸輕故云名曰輕也。自義率祖順而下之至於禰名曰重者。義主斷割用義循祖順而下之至於禰其義漸輕祖則義重故云名曰重也。一輕一重其義然也者言恩之與義於祖與父母互有輕重若義則祖重而父母輕若仁則父

母重而祖輕一輕一重義宜也然如是也言人情道理宜合如是祖是尊嚴以上漸宜合輕父母恩愛漸近宜合重故云其義然也故鄭云恩重者爲之三年義重者爲之齊衰言其事合宜如此矣案喪服條例衰服表恩若高曾之服服本應緦麻小功而進以齊衰踰數等之服豈非爲尊重而然也至親以期斷而父母加三年寧不爲恩深故亦然矣

○君有合族之道族人不得以其戚戚君位也君恩可以下施而族人皆臣也不得以父兄子弟之親自戚於君位謂齒列也所以尊君別嫌也○別彼列反

疏君有至位也○正義曰此一經明人君既尊族人不以戚戚君明君有絶宗之道也○合族者言設族食燕飲有合食族人之道既管領族人族人不得以其戚屬上戚於君位皆不得以父兄子弟之親上親君位也○注所以至嫌也○正義曰不敢計已親戚與君齒列是尊君也兄弟相屬多有篡代之嫌令○遠自卑退是別嫌疑也

○庶子不祭明其宗也庶子不得爲長子三年不繼祖也明猶尊也一統焉族人上不戚君下又辟宗乃後能相序○爲于僞反下爲其士注死爲之爲其妻爲之大功不相爲皆

同辟音避**別子爲祖**別子謂公子若始來在此國者後世以爲祖也**繼別爲宗**別子之世適也族人尊之謂之大宗是宗子也○適丁歷反下文及注皆同**繼禰者爲小宗**父之適也兄弟尊之謂之小宗**有百世不遷之宗有五世則遷之宗百世不遷者別子之後也宗其繼別子之所自出者百世不遷者也宗其繼高祖者五世則遷者也尊祖故敬宗敬宗尊祖之義也**遷猶變易也繼別子別子之世適也繼高祖者亦小宗也先言繼禰者據別子子弟之子也以高祖與禰皆有繼者則曾祖亦有也則小宗四與大宗凡五

〔疏〕庶子至義也○正義曰上經論人君絶宗此一節論卿大夫以下繼屬小宗大宗之義各依文解之○庶子不祭明其宗也者案小記云庶子不祭祖下文云不祭禰此直云不祭者嫌祖禰俱不祭但小記辨明上士下士故有不祭祖不祭禰之文此則揔而言之故直云不祭○庶子不得爲長子三年不繼祖也者

案小記云庶子不爲長子斬不繼祖與禰斬則三年與此一
也小記文詳故云不繼祖與禰此文解畧故直云不繼祖也
其義具在小記已備釋之○別子爲祖○前旣云明其宗故
此以下廣陳五宗義也別子謂諸侯之庶子也諸侯之適子
適孫繼世爲君而第二子以下悉不得禰先君故云別子並
爲其後世之始祖故云爲祖也○注別子至祖也○正義曰
別子謂公子者諸侯適子繼世爲君其適子之弟別於正適
是諸侯之子故謂之別子也云若始來在此國者此謂非君
之戚或是異姓始來在此國者故亦謂之別子以其別於在
本國不來者○繼別爲宗○謂別子之適子世繼別子爲大
宗也族人與之爲絶宗也五世外皆爲之齊衰三月母妻亦
然○繼禰者爲小宗○謂父之適子上繼於禰諸兄弟宗之
謂之小宗以本親之服服之○有百世不遷之宗此一經覆
說大宗小宗之義并明敬宗所以尊祖也云有百世不遷之
宗者謂大宗也云有五世則遷之宗者謂小宗也云百世不
遷者別子之後也宗其繼別子之所自出者百世不遷者也
此覆明大宗子百世不遷之義也云宗其繼高祖者五世則
遷者也此覆明小宗五世則遷之義云尊祖故敬宗敬宗尊
祖之義也者此摠結大宗小宗以大宗是遠祖之正體小宗
是高祖之正體尊崇其祖故敬宗子所以敬宗子者尊崇先

祖之義也○注遷猶至凡五○正義曰繼別子別子之世適也者解經宗其繼別子之文以是別子適子適孫世世繼別子故云別子之世適經云別子之所自出者自由也謂別子所由出或由此君而出或由他國而來後世子孫恒繼此別子故云繼別子之所自出云繼高祖者亦小宗也者以前文云繼禰者爲小宗是小宗定稱在於繼禰今此經云宗其繼高祖者緣無小宗之文故云繼高祖者亦小宗也云先言繼禰者據別子子弟之子也者鄭以經繼高祖爲小宗何以前文先云繼禰者爲小宗鄭釋此意先云繼禰者又承上繼別爲大宗之下則從別子言之別子子者別子之適子弟之子者別子適子之弟所生子也弟則是禰其長子則是小宗故云繼禰爲小宗因別子而言也云以高祖與禰皆有繼者則曾祖亦有也者鄭以此經文宗其繼高祖者上文云繼禰爲小宗是高祖與禰皆有繼文唯曾祖及祖無繼文故云明曾祖亦有也云小宗四與大宗凡五者小宗四謂一是繼禰與親兄弟爲宗二是繼祖與同堂兄弟爲宗三是繼曾祖與再從兄弟爲宗四是繼高祖與三從兄弟爲宗是小四并繼別子之大宗凡五宗也

○有小宗而無大宗者有大宗而無小宗者有無宗亦莫

之宗者公子是也公子有此三事也公子謂先君之子今君昆弟〔疏〕有小至是也。正義曰以前經明卿大夫士有大宗有小宗以相繼屬此經明諸侯之子身是公子上不得宗君下未爲後世之宗不可無人主領之義各依文解之。有小宗而無大宗者謂君無適昆弟遣庶兄弟一人爲宗領公子禮如小宗是有小宗而無大宗。有大宗而無小宗者君有適昆弟使之爲宗以領公子更不得立庶昆弟爲宗是有大宗而無小宗也。有無宗亦莫之宗者公子唯一無他公子可爲宗是有無之宗亦無他公子來宗於已是亦莫之宗也公子是也。言公子有此三事他人無唯公子也

公子有宗道公子之公爲其士大夫之庶者宗其士大夫之適者公子之宗道也公子不得宗君君命適昆弟爲之宗使之宗之是公子之宗道也所宗者適則如大宗死爲之齊衰九月其母則小君也爲其妻齊衰三月無適而宗庶則如小宗死爲之大功九月其母妻無服公子唯己而已則無所宗亦莫之宗。○唯己音紀〔疏〕公子至道也。正義曰此一節覆說上公子宗道之意云公子有宗道一句爲下起文言公子

有族人來與之爲宗敬之道○公子之公者公君也謂公子
之君是適兄弟爲君者○爲其士大夫之庶者則君之庶兄
弟爲士大夫所謂公子者也宗其士大夫之適者言君之爲此
公子士大夫庶者宗其士大夫適者謂立公子適者士大夫
之身與庶公子爲宗故云宗其士大夫之適也此適者即君
之同母弟適夫人所生之子也○公子之宗道也者言此適
公子爲庶公子宗是公子宗道結上公子有宗道文也○注
公子至之宗○正義曰云公子不得宗君者君尊族人不敢以
戚君故不得宗君也云君命適昆弟爲之宗使之宗之者公
子既不得宗君其父子宗親之事無人主領故君命適兄弟
爲之宗使宗領之也云所宗者適則如大宗死爲之齊衰九
月其母則小君也者以經文公子既有小宗大宗故知適者
如大宗庶者如小宗云則如大宗者大宗之正本是別子之
適今公子爲大宗謂禮如之耳非正大宗故云如也死爲齊
衰九月者以君在厭降兄弟降一等故九月以其爲大宗故
齊衰與君同母故云其母則小君也云爲其妻齊衰三月者
同喪宗子之妻也既立適爲大宗則不復立庶爲小宗前經
所謂有大宗而無小宗是也云無適而宗庶則如小宗死爲
之大功九月其母妻無服者此則庶子爲宗禮如小宗與尋
常兄弟相爲君在厭降一等故死爲之大功九月母則庶母

妻則兄弟之妻故無服也既無適子可立但立庶子爲小宗前文所謂有小宗而無大宗者也云公子唯已而已則無所宗亦無無之宗者無所宗則前經云有無宗也亦無之宗者則前經云亦莫之宗鄭於此注遥釋前耳○絕族無移服族昆弟之子不相爲服○移本或作施同以豉反移猶旁也親者屬也有親者服各以其屬親疏【疏】絕族至屬也○正義曰此一節論親盡則無服有親則有服絕族者謂三從兄弟同高祖者族兄弟應麻族兄弟之子及四從兄弟爲族屬既絕故無移服在旁而及曰移言不延移及之○親者屬也者謂有親者各以屬而爲之服故云親者屬也○自仁率親等而上之至于祖自義率祖順而下之至於禰是故人道親親也言先有恩親親故尊祖尊祖故敬宗敬宗故收族收族故宗廟嚴宗廟嚴故重社稷重社稷故愛百姓愛百姓故刑罰中刑罰中故庶民

安庶民安故財用足財用足故百志成百志成故禮俗刑禮俗刑然後樂收族序以昭穆也嚴猶尊也孝經曰孝莫大於嚴父百志人之志意所欲也刑猶成也○罰中丁仲反詩云不顯不承無斁於人斯此之謂也斁厭也言文王之德不顯乎不承成先人之業乎言其顯且承之人樂之無厭也○斁音亦厭於豔反下同【疏】自仁至謂也○正義曰此一節論人道親親從親己以至尊祖由尊祖故敬宗以收族人故宗廟嚴社稷重乃至禮俗成天下顯樂而無厭倦各依文解之○自仁率親等而上之至于祖自義率祖順而下之至於禰者前文已具此重說之者前文論服之輕重故云一輕一重此論親親之道故先親親而後尊祖故云親親不言輕重也○親親故尊祖者以己上親於親親亦上親於祖以次相親去己高遠故云尊祖○尊祖故敬宗者祖既高遠無由可尊宗是祖之正胤故敬宗○敬宗故收族者族人既敬宗子宗子故收族人故喪服傳云大宗收族者也是其事○收族故宗廟嚴者若族人散亂骨肉乖離則宗廟祭享不嚴肅也若收之則親族不散昭穆有倫則宗

廟之所以尊嚴也○宗廟嚴故重社稷者此以下並立宗之功也始於家邦終於四海若能先嚴宗廟則後乃社稷保重也○重社稷故愛百姓者百姓百官也既有社稷可重故有百官可愛也愛百姓故刑罰中者百官當職更相匡輔則無淫刑濫罰刑罰所以皆得中也○刑罰中故庶民安者上無淫刑濫罰故庶民安也○庶民安故財用足者民皆手足有所措各安其業故財用得足也○財用足故百志成者百姓足君孰與不足既天下皆足所以君及民人百志悉成是謂倉廪實知禮節衣食足知榮辱也○百志成故禮俗刑者刑亦成也天下既足百志又成則禮節風俗於是而成所以太平告功成也禮俗刑然後樂者樂謂不厭也禮俗既成所以長為民庶所樂而不厭也○詩云不顯不承無斁於人斯此之謂也者此周頌清廟之篇祀文王之廟美文王之功言文王之德豈不光顯乎言光顯矣文王豈不承先父之業乎言承之矣無斁於人斯斁厭也文王之德既能如此無見厭於人謂人無厭倦之者斯語辭也今尊祖敬宗人皆願樂亦無厭倦故云此之謂也謂與文王相似矣詩箋云周公祭清廟是不光明文王之德與言其光明之也是不承順文王志意與言其承順之也與此注不同者禮注在前詩箋在後故詩有與禮注不同故鄭荅炅模云然也

附釋音禮記注疏卷第三十四

江西南昌府學栞

禮記注疏卷三十四挍勘記　阮元撰盧宣旬摘錄

附釋音禮記注疏卷第三十四　惠棟挍宋本禮記正義卷第四十四

大傳第十六

禮不王不禘節

黑則汁光紀　閩監毛本同岳本同嘉靖本同衛氏集說同釋文出叶云本又作汁

汎配五帝也　各本同釋文汎作氾

諸侯及其大祖　惠棟挍宋本同石經同岳本同嘉靖本同閩監毛本大作太衛氏集說同釋文于上出大微云下文注大祖大王皆同是釋文本亦作大也

禮不至高祖　惠棟挍宋本無此五字

又元命包云　惠棟挍宋本同衛氏集說同閩監毛本元誤禾

牧之野節

牧之至尊也惠棟挍宋本無此五字

乃追王大王大王名亶父者惠棟挍宋本同閩監毛本大王二字不重衛氏集說同

凡國野十里廬惠棟挍宋本里下有有字衛氏集說同此本誤脫閩監毛本同

三十里有宿考文引宋板作三是也衛氏集說同此本三誤二閩監毛本同

案周本記云閩監毛本同衛氏集說記作紀浦鏜挍云記當作紀下同

謂周公攝政云年祭清廟考文引宋板云作六閩監毛本六誤之

又與武成違其義非也惠棟挍宋本同續通解同閩監毛本違誤異

追王大王亶甫王季歷惠棟挍宋本同閩監毛本甫作父

文王稱王早矣者閩監毛本同惠棟挍宋本文上有云字

於時稱王九十六也閩監毛本同考文引宋板王下有年字

號稱猶未定閩監本同衞氏集說毛本猶誤有

上治祖禰節

上治至竭矣惠棟挍宋本無此五字

因治親屬合族之禮閩監毛本作因衞氏集說同此本因誤音考文引宋板因作外

上正治祖禰是尊其尊也惠棟挍宋本有禰字此本禰字脫閩監毛本同衞氏集說作上正祖禰是尊其尊

使人義之道理竭盡於此矣閩監毛本同衞氏集說同浦鏜挍云義衍字

聖人南面而聽天下節

察有仁愛也 惠棟校宋本也作者宋監本同考文引古本足利本同岳本同嘉靖本同此本誤也毛本同閩監本作察存仁愛也衛氏集說作察存仁愛者並誤

無不贍者 各本同石經貝字旁摩滅釋文出不贍云本又作贍

紕繆猶錯也 閩監毛本同岳本同嘉靖本同衛氏集說同考文引宋板無繆字足利本同宋監本同

緌號旌旗之名也 惠棟校宋本作旗宋監本同岳本同嘉靖本同衛氏集說同是也此本旗作旂閩監毛本同

緌或作禕 岳本同釋文亦作禕嘉靖本衛氏集說閩監毛本褘誤禕下同

聖人至者也 惠棟校宋本無此五字

卽下云一曰治親之屬是也 惠棟校宋本同閩監毛本云誤文

是以理相承順之道 惠棟校宋本以作人是也閩監毛本並誤以

言新制天下必宜造此物也惠棟挍宋本作新制衞氏集說同此本新制二字闕

閩監毛本新制作始有

隨寅丑子所損也閩監毛本同浦鏜挍云損疑建或指誤齊召南挍云損字當作建

器爲楬豆惠棟挍宋本作楬此本楬誤輵閩監毛本同衞氏集說同

則以緇長半幅頳末毛本同閩本頳誤赬監本頳誤頼

同姓從宗節惠棟云同姓節其夫節宋本合爲一節

同姓至有別惠棟挍宋本無此五字

凡賜氏族者此爲卿乃賜閩監毛本同齊召南挍云此字當作必衞氏集說此字無

氏族對之爲別惠棟挍宋本同閩監毛本之作文衞氏集說同

鄖陽封人之女惠棟挍宋本同閩監本鄖誤郥毛本鄖誤郥

其夫屬乎父道者節

道猶行列也 衞氏集說同閩監毛本猶作由

旣尊卑縣絶 惠棟挍宋本同閩監毛本縣作懸下旣不甚縣絶同○按縣懸正俗字

謂之爲婦 惠棟挍宋本同閩監毛本婦誤母

故嫂不可謂之爲母 閩監本同毛本謂之誤倒在不可上

兄妻假以嫂老之名 閩監本同衞氏集說同毛本嫂誤婦

四世而緦節

昏姻可以通乎 各本同石經同釋文昏作婚按正義亦並作婚姻

四世至然也 惠棟挍宋本無此五字

謂上至高祖以下至已兄弟 惠棟挍宋本下字上無以字衞氏集說同此本誤衍

閩監毛本同

婚姻可以通乎者閩監毛本婚作婚是也下婚姻字並同

婚姻應可以通乎閩本同惠棟挍宋本同監毛本應誤無

雖百世婚姻不通者閩監毛本同考文引宋板世下有而字

自仁率親節

自猶用也閩監本同岳本同嘉靖本同衛氏集說同考文引宋板同毛本也誤爲

自仁至然也惠棟挍宋本無此五字

君有合族之道節

君有至位也惠棟挍宋本無此五字

有合食族人之道閩監毛本同惠棟挍宋本食作會衛氏集說同

今遠自卑退　考文引宋板同閩監毛本今作令

庶子不祭節

宗其繼别子之所自出者　閩監毛本同石經同岳本同嘉靖本同衞氏集説同朱子云之所自出四字疑衍注中亦無其文至作疏時方誤耳

庶子至義也　惠棟挍宋本無此五字

庶子不祭祖下文云不祭禰　閩監毛本同衞氏集説同惠棟挍宋本文作又

又承上繼别爲大宗之下　閩監毛本同惠棟挍宋本又作文

别子之適子弟之子者　惠棟挍宋本同閩監毛本者誤爲

有小宗而無大宗者節

有小至是也　惠棟挍宋本無此五字

是有無之宗 惠棟挍宋本同閩監毛本之字脫衛氏集說同

公子是也 閩監毛本同惠棟挍宋本也下有者字

公子有宗道節

亦莫之宗 閩監毛本同岳本同嘉靖本同衛氏集說宗下有也字盧文弨挍云古本注末有者字足利本同惟莫字作無與監本疏合

公子至道也 惠棟挍宋本無此五字

此一節覆說上公子 閩監毛本同惠棟挍宋本節作經衛氏集說同

士大夫之身 惠棟挍宋本亦作身閩監毛本身誤兄衛氏集說同

云公子不得宗君者 惠棟挍宋本有者字毛本同監本脫

同喪服宗子之妻也 惠棟挍宋本有服字衛氏集說同此本服字脫閩監毛本同各本妻

字同毛本妻誤義

則無所宗亦無之宗者閩監本同毛本下無作莫

絶族無移服節

絶族至屬也惠棟按宋本無此五字

爲族屬既絶故無移服閩本同惠棟按宋本同監毛本故誤者衛氏集説同

自仁率親節

自仁至謂也惠棟按宋本無此五字

從親己以至尊祖閩本同惠棟按宋本同監本親己作親親衛氏集説同毛本己作親至誤下

宗廟嚴故重社稷者監毛本作者惠棟按宋本者作○

此之謂也者監毛本作者惠棟挍宋本者作○

故鄭荅炅模云然也閩本同考文引宋板同監毛本炅誤晁模誤摸

禮記注疏卷三十四挍勘記

附釋音禮記注疏卷第三十五

少儀第十七　○陸曰少詩照反少猶小也鄭云以其記相見及薦羞之少威儀○疏正義曰案鄭目錄云名曰少儀者以其記相見及薦羞之少威儀少猶小也此於別錄屬制度

禮記　鄭氏注　孔穎達疏

聞始見君子者辭曰某固願聞名於將命者

君子卿大夫若有異德者固如故也將猶奉也即君子之門而云願以名聞於奉命者謙遠之也重則云固奉命傳辭出入○始見賢遍反下文注除注二相見並同聞名如字徐音問注皆同嗛音謙本又作謙遠于萬反重直用反傳丈專反下傳辭同疏聞始至命者○正義曰此一經論見君子之法但此一篇雜明細小威儀不復局以科段各隨文解之○聞始見君子者謂作記之人心自謙退不敢自專制其儀而傳聞舊說故云聞始見君子者謂始欲見君子貴勝之人○辭曰某固願聞名於將命者○辭客之辭也某客名也再辭曰固固如故也聞名謂名得通達也將命謂傳辭出入

通客主之言語者也客云願以已名使通聞於將命之人也然客實願見君子而云願聞名於傳命者不敢必斥見於君子但願將命者聞之而已不云初辭而云固者欲明主人不即見已已乃再辭故云固也若初辭則不云固當惟云某願聞名於將命者耳○

不得階主

階上進者言賓之辭不得指斥主人○上時掌反○〔疏〕正義曰解上經文云聞名之義也階進也主謂主人也客宜卑退故其辭不得斥進主人也○注階上進者○正義曰階是等故人升階必上進故以階爲上進隱義云階可升上故云上進也

適者曰某固願見

敵當也願見願見於將命者謙也○〔疏〕正義曰此明敵體始相見言敵體不謙故云願見也雖云願見亦應云願見於將命者因上已有故此畧之又云固者義亦如前

罕見曰聞名

罕希也希相見雖於敵者猶爲尊主之辭如於君子○罕見賢遍反〔疏〕正義曰前二條明始相見此明已經相見而疏者罕少也若少見尊者辭云願聞名於將命者若少見敵者亦云願聞名於將命者然敵者始來曰願見重來而疏翻曰聞名者亦獎之使不疏也或云始來禮隆故尊卑宜異重來禮殺故宜同也○注罕希至君子○正義曰案爾雅釋詁文罕希也是罕得爲希

云希相見雖於敵者猶爲尊主之辭如於君子者尊而希者故宜同於始來相見敵而希者其辭重於始來故鄭偏解之也○**亟見曰朝夕**亟數也於君子則曰某願朝夕聞名於將命者於敵者則曰某願朝夕見於將命者○亟去冀反注及下同數色角反○**瞽曰聞名**瞽無目也以無目辭不稱見【疏】亟見至聞名○正義曰此謂數相見者也亟數也若數見尊者則其辭云某願朝夕聞名於將命者若數見敵者則云某願朝夕見於將命者○注亟數也○正義曰爾雅釋詁文○瞽曰聞名者瞽無目也其來不問見貴賤則並通云願聞名於將命者其目無所見故不云願見○**適有喪者曰比**適之也曰某願比於將命者比猶比方俱給事【疏】正義曰前明吉禮相見此以下明凶事相見者也適往也此謂往適者喪家也比比方也喪不主相見凡往者皆是助事故云比謂比方其年力以給喪事也君五十從反哭四十持盈次皆是比方其事故鄭云比謂比方俱給事故辭云願比於將命者也○**童子曰聽事**曰某願聽事於將命者童子未成人不敢當相見之禮○【疏】正義曰童子未成人雖往適它喪不敢以成人爲比方但來聽主人以事見使故云願聽事於將命者也

適公卿之喪則曰聽役於司徒喪憂戚無賓主之
禮皆爲執事來也
○爲于僞反下文爲〔疏〕正義曰前往適喪此適貴者喪也
君喪注雖爲並同○不敢云相此方而使但聽主人之
見役輕重唯命不敢辭也不直云聽役於將命○而云於司徒
者司徒主國之事故國有大喪謂公卿之喪則司徒皆率其
屬掌之故司徒職云大喪帥六鄉之衆庶屬其六引而治其
政令鄭云衆庶所致役也又檀弓云孟獻子喪司徒旅歸四
布是也隱義云公卿亦
有司徒官以掌喪事也○君將適他臣如致金玉貨
貝於君則曰致馬資於有司敵者曰贈從者
適他行朝會也資猶用也贈送也〔疏〕君將至從者○正義
○適它音他從才用反朝直遥反曰此一經論臣致物
於君及適者之辭前明吉凶相見之禮此以下明吉凶相送
遺之禮也此明送吉也君謂已君也適它謂朝會出往它國
也○臣如置金玉貨貝於君者如若也君欲往它國而臣若
奉獻財物以充君路之資者也金玉貨貝畧舉其梗槩耳○
則曰致馬資於有司者臣雖以物贈君君體尊備物不有乏
少故臣不敢言將物與君但恐君行有車馬路中或須資給

故云此物以充馬資物不可付馬故云致馬資於有司有司謂主典君物者也○敵者曰賵從者若物送敵者亦不云贈送敵者當言贈於左右從行者也○**臣致襚於君則曰致廢衣於賈人敵者曰襚**言廢衣不敢。必。用斂也賈人知物善惡也周禮玉府掌凡王之獻金玉兵器文織良貨賄之物受而藏之有賈八人○襚音遂賈音嫁徐音估注同斂力豔反織音志鄭注周禮云畫繡之屬〔疏〕臣致至曰襚○正義曰此因前送吉此明送凶襚者以衣送死人之稱禮以衣送敵者死曰襚襚者遂彼生時之意也若臣以衣送君君死不得曰襚但云致廢衣廢衣者不敢言必充君斂但充以。廢致不用之例。故云致廢衣也賈人者識物賈貴賤而主君之衣物者也又不敢云與君故云致賈人也然喪大記云君無襚注云無襚者不陳不以斂敵者曰襚者衣送敵者死既無謙故云襚也○注周禮至八人○正義曰引之者證君有賈人藏獻物也鄭注周禮云玄。謂物。織畫繡之屬也○**親者兄弟不以襚進**不執將命者以即陳而已〔疏〕正義曰此明親者相襚之法進謂執之將命也若非親者相襚則擯者傳辭將進以為禮節若有親者相襚但直將進即陳之不須執以將命也案士喪禮大功以上同體之親襚不將命即陳於房中小功以下及同姓等皆將命○**臣爲君喪納貨貝於君則曰納甸於有司**○甸謂田野之物○甸大見反○疏正義曰言臣爲君喪而臣進物納爲獻也納入也甸田也言入此物是自田野之所出合獻入之於君有司也必云田所出者臣皆受君地明地物本由君出也尤是送君故與賈人貨貝但供喪用故付有司也**賵馬入廟門**○以其主於死者○賵芳仲反**賻馬與其幣大白兵車不入廟門**以其主於生人也兵車革路也雖爲死者來陳之於外戰伐田獵之服非盛者也周禮革路建大白以即戎○賻音附○疏賵馬至廟門○正義曰此一節論賻賵之異○賵馬入廟門者以馬送死曰賵賻副亡者之意也既送亡者故將入廟門也庾云禮既祖託而後賵馬入設於廟庭而入門者欲以供駕魂車也故鄭云主於死者○賻馬與其幣大白兵車不入廟門者以馬助生營喪曰賻馬幣謂以財貨賻助主人喪用並助主人之物故不將入廟也故鄭云以其主於生人也大白兵車革路之旗周路建大白以即戎也兵車即革路也雖並爲送喪之從車而其本是田戰

之具故不可入廟門故鄭云雖爲死者來陳之於外戰伐田獵之服非盛者也然所以得有大白兵車來助主人者此謂諸侯有喪鄰國之君有以大白兵車而賵之者或家國自有也

○賻者既致命坐委之擯者舉之主人無親受也喪者非尸柩之事則不親也舉之舉以東○柩音舊〔疏〕賻者至受也○正義曰此一經明賻者授物及主人受之禮賻者既致命坐委之者此明來賻者之法坐猶跪也謂賻者跪委物於地○擯者舉之者謂主人擯者舉而取之○主人無親受也者吉時若人饋物主人皆自拜受之若有喪主於哀戚凡有四方使者以物賻已悉不得拜受故使擯者受舉之而已○注舉之舉以東○正義曰知舉以東者雜記云含者入升堂致命坐委于殯東南宰夫朝服即喪屨升自西階西面坐取璧降自西階以東後襚者賻者並然而升堂致命是告擯之辭也若賻生人則致命擯者不告殯而不升堂然車馬不舉以陳而鄭云舉以東者謂幣之屬也

○受立授立不坐由便○使婢面反○性之直者則有之矣有之有跪者也謂受授於尊者而尊者短則跪不敢以長臨之○跪其委反長直良反〔疏〕受立至之

矣○正義曰此一節明相授受之禮前明吉凶相見及送贈○之禮禮有擯相授受之法故此明之坐亦跪也凡尊卑相授乃以跪爲敬也○受立謂尊者立以物與卑者卑者受此尊者之物授立謂尊者立已以物授尊者之立此二事皆不坐以尊者立故也若坐則尊者屈而低身類○尊者故也○性之直者則有之矣者性謂天性言尊者天性直自如此短小尊者雖立若授受尊者之物則有坐而授受所以然者以尊者短小若立對之則以長臨尊故有坐也○

始入而辭曰辭矣即席曰可矣可猶止也謂擯者爲賓主之節也始入則告之辭至就席則止其辭

排闔說屨於戶內者一人而已矣雖衆敵猶有所尊者○排薄皆反闔初獵反又音合說吐活反本又作脫下注同。

有尊長在則否在在內也後來之衆皆說屨於戶外○長丁丈反下文注尊長皆同

〔疏〕始入至則否○正義曰此一節明賓主之入擯者告之辭讓之節及說屨之儀○始入而辭者謂始入門主人辭謝賓之節曰辭矣者當此之時擯者告主人曰辭謝賓矣謂辭讓賓令賓先入至階之時擯者亦應告主人曰辭讓賓先登矣此不言者始入之文包入門登階矣○卽席曰可矣者謂賓

主升堂各自就席而立擯者恐賓主辭謝即席故擯者告之曰可矣可猶止也言既即席之時止此辭讓不須辭矣○排闔說屨於戶內者一人而已矣者謂賓主登席其衆須入戶內者雖尊卑相敵猶推一人爲尊闔謂門扇謂排推門扇說屨於戶內者一人而已矣言止許一人不得進皆如此也○有尊長在則否者謂先有尊長已在於堂或室衆人後入不得一人說屨於戶內也○

問品味曰子亟食於某乎問道藝曰子習於某乎子善於某乎不斥人謙也道三德三行也藝六藝○某音母行下孟反

〔疏〕問品至某乎○正義曰此一經明賓主相問飲食及道藝之事也問品味曰子亟食於某乎者謂客來賓主相問禮也品味者殽饌也亟數也凡問人若欲問彼人已嘗食某殽饌與否者則不可斥問嘗食否但當問其數食某食乎如言彼已嘗經數食也然彼若不嘗食則自當依事而荅之也○問道藝者亦謂賓主先已明知所習道藝及其問之亦不敢指斥故云子習於某道乎子善於某藝乎道難故稱習藝易故稱善也○注不斥至六藝○正義曰不斥人謙也者雖先知其所食所習所善及其問之猶疑而稱乎乎者謙退之辭是以不正指斥人所能此人兼賓

主也南本云不斥主人非也云道三德三行也者案師氏教國子三德三行。者一曰至德二曰敏德三曰孝德三行者一曰孝行二曰友行三曰順行也皆國子所習故知道是三德三行也云藝六藝者案保氏教六藝禮樂射馭於書數也。

不疑在躬躬身也不服行所不知使身疑也。不度民械械兵器也不計度民家之器物使已亦有。度大洛反計也注同械戶戒反。不願於大家大謂富之廣也不訾重器訾思也重猶寶也。訾子斯反

〔疏〕不疑至重器。正義曰此一節承上賓主相問之事因明賓主之禮賓不得願主人所有之物。不疑在躬者既問主人之道藝則己亦當習學明了不得使疑事在其躬則為賓爲主皆然也。不度民械者謂爲客至主人之家不得計度民家所有器械使己亦有也。不願於大家者大家謂富貴廣大之家。謂大夫之家也謂士往於卿大夫之家見彼富大不可願學。之也非分而願必有亂心也不訾重器者訾思也重器寶珍之物言謂客至主人之家見有重器重器不可思玩之若思玩之則憎疾已貧賤生淫亂濫惡也。汜

埽曰埽埽席前曰拚拚席不以鬣執箕膺擖

鬛謂帚也帚恒帚。地不潔。清也膺親也擖舌也持箕將去糞者以舌自鄉。汜埽上芳劒反下悉報反拚弗運反又作𢷬鬛力陳反膺於陵反胷前也擖以涉反舌也徐音葉清徐才性反又如字去起呂反下擢去同鄉許亮反。〔疏〕汜埽至膺擖。正義曰此一經明主人與賓洒埽之事汜埽者汜廣也若遠路大賓來主人宜廣埽之謂外內俱埽謂之埽。埽席前曰拚者若近路小賓來則止埽席前不得名埽則但曰拚也所以然者拚是除穢埽是滌蕩。拚席不以鬛者鬛謂掃地帚也若帚席上不得用埽地帚也。執箕膺擖者膺人之胷前擖箕之舌也箕是去物之具賤者執之不得持嚮尊者當持箕舌自嚮胷前

○**不貳問**當正已之心以問吉凶於蓍龜不得於正凶則卜筮其權也。蓍音尸

○**問卜筮曰義與志與義則可問志則否**大卜問來卜筮者也義正事也志私意也。與音餘下同大音泰。〔疏〕不貳至則否。正義曰此一節明卜筮之法。不二問者凡卜筮之法當正已心志而來問於蓍龜則得吉兆不得二心不正若二心不正必凶則卜筮權時妄告。問卜筮曰義與志與者謂大卜問來卜筮者爲是道理正義與爲是私意志與。義則可問志則否者若卜筮者是公義則可爲

卜筮若所問是私心志意則不爲之卜筮○尊長於己踰等不敢問其年踰等父兄黨也問年則已恭孫之心不全○孫音遜本亦作遜同○燕見不將命自不用賓主之正來則若子弟然○見賢遍反下請見同遇於道見則面可以隱則隱不敢煩動也不請所之尊長所之或甲褻○褻息列反喪俟事不犆弔亦不敢故煩動也事朝夕哭時○特本亦作犆音特侍坐弗使不執琴瑟不畫地手無容不翣也端慤所以爲敬也尊長或使彈琴瑟則爲之可○畫胡麥反翣本亦作萋所角反盧云扇也慤苦角反○寢則坐而將命命有所傳辭也坐者不敢臨之侍射則約矢不敢與之拾取也○射食夜反下注客射同拾其劫反○侍投則擁矢不敢釋於地也投投壺也投壺坐○勝則洗而以請洗爵請行觴不敢直飲之○飲音蔭客亦如之○客射若投壺不勝主人亦洗而請之○勝詩證反○不角角謂觥罰爵也於尊長與客如獻酬之爵

○觥古橫反○

不擢馬擢去也謂徹也已徹馬嫌勝故薄之○擢直角反○

【疏】尊長至擢馬○正義曰此一節論卑幼奉命於尊長諸雜之儀○燕見不將命者謂卑幼私燕而見不使擯者將傳其命無賓主之禮○遇於道見則面者若於道路遇逢尊者尊者若見已已則面見若尊者不見已已則隱也○不請所之者雖面自見而不得問尊者何處往也○喪俟事不犆弔者謂弔於尊長喪法也俟事謂待主人朝夕哭時也不犆弔謂不非時而獨弔也○侍坐弗使不執琴瑟者卑侍尊者之法也侍坐於尊尊者若不使已已則不得執琴瑟而鼓之若使已已則得執之也○不畫地者盧云不敢無故畫地也○手無容者盧云不弄手也以不髮也者盧云髮扇也雖熱亦不敢揺扇也此皆端慤所○爲敬○寢則坐而將命者寢卧也坐跪也若尊者眠卧而侍者若傳辭當跪前不可以立恐臨尊者○侍射則約矢者矢箭也凡射必計耦先設楅在中庭楅者兩頭爲龍頭中央共一身而倚箭於楅身上上耦前取一矢○下耦又進取一如是更進各得四箭而升堂插三於要而手執一隻若卑者侍射則不敢更拾進取但一時并取四矢故云則約矢也○侍投則擁矢者投投壺也擁抱也矢謂投壺箭也若柘若棘爲之投壺禮亦賓主各四矢從委於身前坐一一取之若卑者侍

投則不敢釋置於地但手并抱投之也故鄭云不敢釋於地庾云擁抱己所當投矢也隱義云尊者委四矢於地一一取以投卑者不敢委於地悉執之也○勝則洗而以請若若敵射及投壺竟司射命酌而勝者當應曰諾而勝者弟子酌酒南面以罰豐上豐在西階上兩楹之西而不勝者下堂揖讓升堂就西階上立北面就豐上取罰將飲之而跪之曰賜灌灌猶飲也而勝者立於不勝者東亦北面跪而曰敬養若卑者得勝則不敢直酌當前洗爵而請行觴然後乃行也○客亦如之者客若不勝則主人亦洗而請如卑侍之法所以優賓也○不角者角謂行罰爵用角酌之也詩云酌彼兕觥是也令飲尊者及客則不敢用角但如常獻酬之爵也○不擢馬者擢去也徹也投壺立籌爲馬馬有威武射者所尚也凡一投壺每一勝輙立一馬至三馬而成勝但頻勝一馬三難得若一朋得二馬一朋得一馬於是二馬之朋徹取一馬者足以爲三馬以成定勝也令若卑者朋雖得二馬亦不敢徹尊者馬足成已勝也○

執君之乘車則坐

執執轡謂守之也君不在中坐示不行也○乘繩證反轡冰媢反○

僕者右帶劍負

良綏申之面拖諸幦

面前也幦覆笭也良綏君綏也負之由左肩上入右腋下申之

於前覆苓上也○拖徒可反引也又他左反幦徐音覓苓力丁反腋音亦**以散綏升執轡然後步**步行也○散悉旦反

（疏）執君至後步○正義曰此一節明為君僕御之法○執君之乘車則坐者執執轡也謂不在車而僕執轡守君車時也凡御則立今守空車則坐示君不在車車不行也○僕者右帶劒者謂初御法也僕即御者也右帶劒者帶之於腰右邊也帶劒之法在左以右手抽之便也今御者劒右帶者御人在中君在左若左帶劒則妨於君故右帶也○負良綏申之面者良善也善綏君綏也君由後升僕者在車背君面嚮前取君綏由左腋下加左肩上繞背入右腋下申綏之末於面前○拖諸幦者拖猶擲也亦引也幦車覆闌也綏申於面前而拖末於車前幦上也亦云引之可置車幦上也○以散綏升者謂初升時也散綏副綏也僕登車既不得執君綏故執副綏而升也○執轡然後步者步猶行也既升車執策分轡而後行車也行車五步而立待君君出上則授良綏而升君也○注幦覆苓也○正義曰苓車前闌也亦名為式故詩傳云幭覆式與此同知良綏君綏者以下云散綏既有二種明良綏君綏其散綏則本繫於車僕者攀之而登車也

○請見不請退去止不敢自由○見賢遍反**朝**

廷曰退近君爲進。朝直遥反後朝廷皆同近附近之近燕遊曰歸禮褻主於家也師役曰罷罷之言罷勞也春秋傳曰師還曰疲。罷音皮注同還音旋下文注皆同〔疏〕請見至曰罷。正義曰此一節明卑者見尊及朝廷退歸之辭。請見不請退者謂卑者於尊所有請見之理既見去必由於尊者故不敢請退。朝廷曰退者謂於朝廷之中若欲散還則稱曰退以近君爲進還私遠君故稱退論語子退朝又云冉子退朝並是對進爲言也。燕遊曰歸者若在燕及遊退還稱曰歸以燕遊禮褻主於歸家。師役曰罷者謂於師役之中欲散退之時稱曰罷勞。注春秋至曰疲。正義曰案莊八年夏魯師及齊師圍郕郕降於齊師秋師還公羊傳曰還者何善辭也此滅同姓何善爾病之也何休云慰勞其罷病也是鄭用公羊爲注也

○侍坐於君子君子欠伸運笏澤劍首還屨問日之蚤莫雖請退可也以此皆解倦之狀伸頻伸也運澤謂玩弄也金器弄之易以汗澤。欠起劍反伸音申笏音忽還音旋蚤音早莫音暮解古賣反頻本又作嚬音頻玩五亂反易以豉反汗戶旦反一音烏。〔疏〕侍坐

至可也。正義曰此明侍坐法也志倦則欠體疲則伸爲君子久坐而自爲之也。運笏者運動也謂君子搖動於笏澤劒首者澤謂光澤玩弄劒首則生光澤。還屨者還轉也謂君子自轉屨也尊者說屨於戶內是屨恒在側故得自還轉之也問日之蚤莫者尊者忽問日之蚤莫。雖請退可也者雖假令也前言侍者不得請退今若見君子有欠伸以下諸事皆是坐久體倦欲起或欲卧息之意故侍者當此時假令請退則可也○事君者量而后入不入而后量凡乞假於人爲人從事者亦然然故上無怨而下遠罪也量量其事意合成否。量音亮乞如字又音氣爲于僞反遠于萬反〔疏〕事君至罪也。正義曰此一節明臣事君之法事君者量而后入者凡臣之事君者欲請爲其事先商量事意堪合以否然後入而請之。不入而后量者不得先入請見君然後始商量成否。凡乞假於人爲人從事者亦然者非直事君如此凡乞貸假借於人謂就人乞貸假借爲人從事謂求請事人如此之屬亦須先商量事意成否不可不先商量即當其事故云亦然。然故上無怨而下遠罪也者然猶如此事君若能如此下不忤上故上無怨上不責下故下遠罪然唯解上下不結乞假從事者也可略**不窺密**嫌伺人之私也。密隱曲處也。窺若規反伺音司處昌慮反。**不旁狎**妄相服習終或爭訟。爭爭鬬之爭**不道舊故**言知識之過失損友也孔子曰故舊不遺則民不偷。偷他侯反。**不戲色**暫變傾顏色爲非常則人不長失敬也。不長丁丈反絕句。

【疏】不窺至戲色。正義曰此一節明在於僚類當自矜持之事不窺容者人當正視不得窺覘隱密之處。鄭云嫌伺人之私也。不旁狎旁猶妄也不得妄與人狎習或至忿爭因狎而爭訟也。不道舊故者不道說故舊之罪過。不戲色者不戲弄其顏色。注暫變至敬也。正義曰人當恒自矜持尊其瞻視若暫傾變顏色爲非常褻慢則人不復長久失他人所敬故云則人不長失敬也

○**爲人臣下者有諫而無訕有亡而無疾**亡去也疾惡也。訕所諫反徐所姦反惡烏路反。**頌而無讇諫而無驕**頌謂將順其美匡救其惡驕謂恃知而慢也。讇稔變反**怠則張而相之**怠墮也。相助也。相息亮反注同惰徒臥反。**廢則埽而更**

之廢政教壞亂不可因也。更音庚謂之社稷之役役爲也〔疏〕爲人至之役。正義曰此明臣事君之道。有諫而無訕者訕爲道說君之過惡及謗毁也君若惡臣當諫之不得鄉人道說謗毁故論語云惡居下流而訕上者。有亡而無疾者亡猶去也疾猶憎惡也君若有過三諫不從乃出境而去不得强留而而憎惡君也。頌而無讇者頌美盛德之形容也讇謂横求見容若君有盛德臣當美而頌之也若苟無德則匡而救之不得虛妄以惡爲美横求見容故孝經云將順其美匡救其惡諫而無驕者君若從已諫則已不得藉已言行謀用恃知而生驕慢。怠則張而相之者怠隋也相助也若君政怠隋則臣當爲張起而助成之也。隱義云若怠隋當張設法而助之或張强其志以廣大之也。廢則埽而更之者君政若已廢壞無可復張助者則當埽蕩而更創立爲新政也。謂之社稷之役役者役爲謂事君如上者是可謂爲社稷之臣也故衛君云柳莊者是社稷之臣也。注役爲也。正義曰爲讀爲助爲也社稷之臣謂爲助社稷之臣也○毋拔來毋報往報讀爲赴疾之赴拔赴皆疾也人來往所之常有宿漸不可卒也。拔蒲末反注同急疾也王本作校古孝反報音赴卒才忽反毋瀆神。謂瀆數而不敬。數色角反毋循枉前日之不正不可復遵行以自伸。循枉上音旬下紆往反邪曲也復扶又反毋測未至測意度也。意度如字本又作億音抑下大各反。士依於德游於藝德三德也一曰至德二曰敏德三曰孝德藝六藝也一曰五禮二曰六樂三曰五射四曰五御五曰六書六曰九數工依於法游於說法謂規矩尺寸之數也說謂鴻殺之意所宜也考工記曰薄厚之所震動清濁之所由出侈弇之所由興有說說或爲伸。於說如字注同又始銳反鴻又作洪殺色戒反侈昌氏反弇於檢反毋訾衣服成器訾思也成猶善也。思此則疾貪也。訾子斯反毋身質言語質成也聞疑則傳疑若成之或有所誤也。傳丈專反。〔疏〕毋拔至言語。正義曰此一節廣明爲人之法。○毋拔來毋報往者報謂赴也拔赴皆速疾之意凡人所之適必有宿漸毋得疾來毋得疾往。○毋瀆神者謂瀆慢也神明正直敬而遠之不可慢。○毋循枉者循猶追述也枉邪曲也人非圓愢不免時或邪曲若前已行之今當改正不得猶追述己之邪事也。○毋測未至者未至之事聖人難之凡人故不可豫欲測量之也若終不知則傷知也。○士

依於德者士謂進士有德行者當依附於三德游於藝者謂
敖游於六藝。工依於法者謂規矩尺寸之法。或言工巧皆
當依附於法式。游於說者說謂論說規矩法式之辭言游
息於規矩法式之文書。毋訾衣服或器者訾思也成善也
無得思念衣服善器毋身質言語者凡言語有疑則稱疑無
得以身質成言語之疑者其言既疑若必成之或有所誤也
。注德三至九數。正義曰案周禮師氏以三德教國子一
曰至德二曰敏德三曰孝德彼注云至德中和之德覆燾持
載含容者也敏德仁義順時者也孝德尊祖愛親案大司徒
職云以鄉三物教萬民一曰六德知仁聖義忠和知此依於
德非六德者六德所以教萬民而云三德所以教國子此經
云士故知是三德也云一曰五禮至九數者是周禮保氏職
文案彼注云五禮吉凶賓軍嘉也六樂雲門大咸大韶大夏
大濩大武也五射白矢參連剡注襄尺井儀也五御鳴和鸞
逐水曲過君表舞交衢逐禽左六書象形會意轉注處事假
借諧聲也九數方田粟米差分少廣商功均輸方程贏不足
旁要今有重差句股然五禮六樂之等皆鄭康成所注其五
射以下鄭司農所解但九數之名書本多誤儒者所解方田
一粟米二差分三少廣四商功五均輸六方程七贏不足八
旁要九云今有重差句股者鄭司農指漢時云今世於九數

之內有重差句股二篇其重差即與舊數差分一也去舊數旁要而以句股替之爲漢之九數即今之九章也先師馬融干寳等更云今有夕桀各爲二篇未知所出今依司農所注周禮之數餘並不敢。注說至宜也。正義曰此經云依於法游於說法既是規矩法式法外又云說是說與法不同謂說此法式文書論其法式大小鴻殺之意與法大同小異法式據其體論法據其文引考工記者證說是說法度之意彼說鑄鐘形狀言鐘或薄或厚聲之振動其聲清濁由薄厚而出云侈弇之所由與者侈謂鐘口寬大弇謂鐘口內小從此法式所由與有說或大或小或侈或弇皆有所宜之意鐘厚則聲不散薄則聲散大短出聲疾易竭小長聲緩深遠弇則聲不舒揚故云有說。

言語之美穆穆皇皇朝廷之美濟濟翔翔祭祀之美齊齊皇皇車馬之美匪匪翼翼鸞和之美肅肅雍雍

匪讀如四牡騑騑齊齊皇皇讀如。歸往之往美皆當爲儀字之誤也周禮教國子六儀一曰祭祀之容二曰賓客之容三曰朝廷之容四曰喪紀之容五曰軍旅之容六曰車馬之容。美音儀出注下同濟子禮反齊齊皇皇齊如字皇音往徐于況反匪讀爲騑芳非反牡音母。【疏】言語至雍雍。正義曰此一節明諸事之宜此美皆當爲儀。言語之美者。謂與賓客言語故鄭注保氏云賓客之容穆穆皇皇者謂言語形狀穆穆皇皇然其天子諸侯行容亦穆穆穆穆皇皇故曲禮云天子穆穆諸侯皇皇鄭云皆行容止之貌穆穆皇皇皆美大之狀。濟濟翔翔者據在朝廷威儀濟濟翔翔者謂威儀厚重寬舒之貌言語則穆穆皇皇威儀則濟濟翔翔齊齊皇皇者皇讀爲歸往之往皇氏云謂心所繫往孝子祭祀威儀嚴正心有繼屬故齊齊皇皇然其言語及威儀皆當如此。匪匪翼翼者匪讀曰騑騑騑翼翼者皆是車馬之形狀故詩云四牡騑騑下又云四牡翼翼皆是馬之行容貌翼翼騑騑皆是馬之嚴止。肅肅雍雍者鸞和聲之形狀肅肅然雍雍然肅肅是敬貌雍雍是和貌。注匪讀至之容。正義曰詩小雅云四牡騑騑周道倭遲述文王聘臣之勞云美皆當爲儀者以保氏云教國子六儀一曰祭祀之容容即儀也故知美皆當爲儀鄭彼注祭祀之容朝廷之容車馬之容皆引此文其賓客之容則此言語穆穆皇皇也彼注喪紀之容纍纍顛顛軍旅之容暨暨詻詻是玉藻文也。○問

國君之子長幼長則曰能從社稷之事矣幼

則曰能御未能御（御謂御事。長丁丈反，下及注同。）問大夫之子，長幼，長則曰能從樂人之事矣；幼則曰能正於樂人，未能正於樂人。（正樂政也。周禮大司樂以樂德教國子中和祗庸孝友，以樂語教國子興道諷誦言語，以樂舞教國子舞雲門大卷大咸大韶大夏大濩大武。○樂人音岳。興如字，又許證反。道音導。諷福鳳反。卷音權。濩戶故反。）問士之子，長幼，長則曰能耕矣；幼則曰能負薪，未能負薪。（士祿薄，子以農事爲業。）○執玉、執龜筴不趨，堂上不趨，城上不趨。（於重器於近尊於迫狹無容也。步張足曰趨。○筴音策。近附近之近。狹音洽。）武車不式，介者不拜。（兵車不以容禮下人也。車中之拜肅拜。○下戶嫁反。）

【疏】問國君至不拜。○正義曰：此一節明長幼之稱。問國君及大夫士之子長幼，若長則曰能從社稷之事矣者，謂彼人所問君之子長幼，若長則荅之云能從君供社稷之事，若幼則曰能御。御，治也，謂已能治事若大幼則曰未能治事此治事謂尋常細小事也小於社稷事○問大夫之子長幼長則曰能從樂人之事矣者以大夫之子恒習學於樂長則已能習樂故曰能從樂人之事矣○幼則曰能正於樂人未能正於樂人者正謂政令以幼者習樂未成但聽政令於樂人所教幼○則云已能受命令於樂人若大幼則云未能受政令於樂人○注正樂至大武○正義曰鄭恐經正是樂正之官故讀爲政令之政謂年幼受政於樂人也引大司樂者證卿大夫之子習樂之事云以樂德教國子中和祇庸孝友者彼注云中猶忠也和剛柔適也祇敬庸有常也善父母曰孝善兄弟曰友云以樂語教國子興道諷誦言語者彼注云興謂以善物喻善事導者言古以剴今也倍文曰諷以聲節之曰誦發端曰言荅述曰語云教國子舞雲門以下者故注云黃帝曰雲門大卷言其德如雲之所出民得以有族類如鄭此言如雲之所出解雲門也民得以有族類解大卷也言有族類而集聚也彼注大咸咸池堯樂也言其德無所不施大磬舜樂也言有德能紹堯之道大夏禹樂也禹治水言其德能大中國大濩湯樂也言其德能使天下得其所大武武王樂也言其德能成武功也曲禮問其父身此問其子者皇氏云記人之意異耳

婦人吉事雖有君賜

肅拜爲尸坐則不手拜肅拜爲喪主則不手拜

肅拜拜。低頭也手拜手至地也婦人以肅拜爲正。凶事乃手拜耳爲尸爲祖姑之尸也士虞禮曰男男尸女女尸爲喪主不手拜者爲夫與長子當稽顙也其餘亦手拜而已雖或爲唯或曰喪爲主則不手拜肅拜也○低丁兮反爲夫于僞反

【疏】婦人至手拜○正義曰此一節論婦人拜儀婦人吉禮不手拜但肅拜肅拜如今婦人拜也吉事及君賜悉然也○爲尸坐者謂虞祭婦人爲祖姑作尸也周禮坐尸嫌婦人或異故明之也若平常祭無婦人之尸示主於夫故設同几而已則不手拜肅拜者手拜手至地婦人爲尸或荅拜時但肅拜而不手拜也○爲喪主則不手拜者婦人若有喪而不爲主則手拜也若爲夫及長子喪主則稽顙不手拜○注肅拜至拜也○正義曰手拜手至地者解手拜之義言手拜之拜但以手至地則周禮空首案鄭注周禮空首拜頭至手此云手至地不同者此手拜之法先以手至地而頭來至手故兩注不同其實一也云婦人以肅拜爲正者言肅拜是婦人之常而昏禮。拜扱地以其新來爲婦盡禮於舅姑故也左傳穆嬴。頓首於宣子之門者有求於宣子非禮之正也云凶事乃手拜耳者言婦人除爲喪主其餘輕喪凶事

乃有手拜耳鄭知然者以經云爲喪主則不手拜明不爲喪主則手拜故云凶事乃有手拜耳云爲尸爲祖姑之尸也者以士虞禮男男尸女女尸故也若平常吉祭則共以男子一人爲尸故祭統云設同几是也云爲夫與長子當稽顙也者小記文以其稽顙故不手拜云其餘亦手拜而已者除夫與長子之外則上云凶事乃手拜是也云或曰喪爲主則不手拜肅拜也者鄭更引或解之辭云爲喪主不作手拜但爲肅拜與前爲稽顙異違小記正文其義非也○

葛絰而麻帶謂既虞卒哭也帶所以自結束也婦人質少變於喪之帶有除而無變○疏葛絰而麻帶○正義曰此謂婦人既虞卒哭其絰以葛易麻故云葛絰婦人尚質所貴在要帶有除無變終始是麻故云麻帶也○

取俎進俎不坐以其有足亦柄尺之類○柄兵命反○

執虛如執盈入虛如有人重愼○疏取俎進俎不坐○正義曰取俎謂就俎上取肉進俎謂進肉於俎俎既有足立而進取便故不坐○注亦柄尺之類○正義曰案管子書弟子職云進柄尺謂爵豆之屬是也

凡祭於室中堂上無跣燕則有之祭不跣者主敬也燕則有跣爲歡也天子諸侯祭有

坐尸於堂之禮祭所尊在室燕所尊在堂將燕降說屨乃升堂○跣悉典反爲于僞反稅屨本又作脫又作說吐活反○

【疏】此祭至有之○正義曰此一經論堂上有跣無跣之事○凡祭於室中堂上無跣者凡祭謂天子至士悉然也跣說屨也下大夫及士陰陽二厭及燕尸皆於室中上大夫陰厭及祭在室若儐尸則于堂天子諸侯則有室有堂祭禮主敬故凡祭在室中者非唯室中不說屨堂上亦不敢說屨故云凡祭於室中堂上無跣燕則有之者有之謂堂上有跣也燕禮主歡故得說屨而升堂坐也燕禮云賓及卿大夫皆說屨升就席注云凡燕坐必說屨屨賤不在堂也禮者尚敬敬多則不親燕安坐相親之心○注祭不至升堂○正義曰云祭不跣者主敬也者跣謂說屨坐而相親祭禮主敬不敢私自相親故云祭不跣者主敬也云天子諸侯祭有坐尸於堂之禮者朝事延尸於戶外故坐尸於堂若卿大夫以下祭禮於室無坐尸於堂也云祭所尊在室者以經云凡祭於室中堂上無跣故辨之也此則貴賤通故卿大夫士正祭饋食並在室中而天子諸侯雖朝事延尸於戶外非禮之盛節初入室灌及饋熟之時事神大禮故云祭所尊在室云燕所尊在堂者於燕禮文無在室唯在堂行禮初時立而致敬故云燕所尊在堂云將燕降說屨乃升堂者燕禮文也

末

甞不食新甞謂薦新物於寢廟【疏】未甞不食新○正義曰甞謂薦新物於寢廟也未甞則人
子不忍前食新也○僕於君子君子升下則授綏始乘
則式君子下行然後還立還車而立以俟其去○還音旋注同【疏】僕於
至還立○正義曰此一經論僕御之禮必授人綏故君子升
及下僕者皆授綏也○始乘則式者謂是僕者始乘君子未
至御者則式以待君子升也○君子下行然後還立者僕人
之禮若君子將升則僕先升君子下行則僕後下更還車而
立待君子去後乃敢自安或云君車將駕則僕執策立於馬
前故君子將下車則僕亦下車立於馬前待君子下行乃更
還車立以俟君去○乘貳車則式佐車則否貳車佐車皆副車也朝祀之副
曰貳戎獵之副曰佐魯莊公敗于乾時公喪戎路傳乘而歸
○朝直遥反喪息浪反傳乘上丈專反又陟戀反下繩證反
下文除乘車同貳車者諸侯七乘上大夫五乘下大
夫三乘此蓋殷制也周禮貳車公九乘侯伯七乘子男五乘○卿大夫各如其命之數【疏】乘貳至則

否。正義曰謂僕乘副車法也朝祀副車曰貳戎獵副車曰佐朝祀尚敬乘副車者式戎獵尚武乘副車者不式也。注貳車至而歸。正義曰云朝祀之副曰貳戎獵之副曰佐者以此經佐車貳車相對。車云式主敬故謂朝祀之副曰貳佐車不式主武故云戎獵之副曰佐若戎獵自相對則戎車之副曰倅田車之副曰佐故周禮戎僕馭倅車田僕馭佐車熊氏云此云戎獵之副曰佐者據諸侯禮也故莊九年公及齊師戰于乾時公喪戎路佐車授綏是也。注此蓋至之數。正義曰按周禮大行人云上公貳九乘侯伯七乘又典命云卿六命其大夫四命車服各如其命數並與此經不同故疑爲殷制

有貳車者之乘馬服車不齒尊有爵。之物廣敬也服車所乘車也車有新舊

觀君子之衣服服劍乘馬弗賈平尊者之物非敬也。賈音嫁

【疏】有貳至弗賈。正義曰此一節明廣敬之義。有二。車者之乘馬服車不齒者有二。車則謂下大夫二。車之乘以下者謂其所乘之馬所服之車不敢齒次論其年歲許其價數高下車所以不得齒者以車有新舊則年歲有多少價數有貴賤以尊者之物故不敢齒也。觀君子之衣服服劍乘馬弗賈者觀視也亦不得輕平尊者物堪直多少之

價亦爲不敬故觀而不平

其以乘壺酒束脩一犬賜人若獻人則陳酒執脩以將命亦曰乘壺酒束脩一犬陳重者執輕者便也乘壺四壺也酒謂清也糟也不言陳犬或無修者牽犬以致命也於卑者曰賜於尊者曰獻○便婢面反下同糟早勞反

其以鼎肉則執以將命鼎肉謂牲體已解可升於鼎○已如字又音異解庚買反

其禽加於一雙則執一雙以將命委其餘加猶多也

犬則執緤守犬田犬則授擯者既受乃問犬名牛則執紖馬則執靮皆右之緤紖靮皆所以繫制之者守犬田犬問名畜養者當呼之名謂若韓盧宋鵲之屬右之者執之宜由便也○緤息列反守手又反又如字注同紖文引反靮丁歷反畜許六反鵲七畧反

臣則左之異於衆物臣謂囚俘○俘音孚

車則說綏執以將命甲若有以前之則執以將命

無以前之則袒櫜奉胄甲鎧也有以前之謂他摯幣也櫜弢鎧衣也胄兜鍪也袒其衣出兜鍪以致命。稅本又作脫又作說同吐活反袒音但櫜音羔甲衣也奉芳勇反胄直又反鎧苦代反弢吐刀反兜丁侯反鍪亡侯反器則執蓋謂有表裏弓則以左手屈韣執拊韣弓衣也左衣屈衣并於拊執之而右手執簫。韣音獨拊芳武反并必政反劍則啓櫝蓋襲之加夫襓與劍焉櫝謂劍函也襲卻合之夫襓劍衣也加劍於衣上夫或爲煩皆發聲。櫝音獨夫襓上音扶注同下如遥反函音咸卻去畧反下文同笏書脩苞苴弓茵席枕几頲杖琴瑟戈有刃者櫝筴籥其執之皆尚左手苞苴謂編束萑葦以裹魚肉也茵著蓐也頲警枕也筴蓍也籥如笛三孔者十六物也左手執上上陽也右手執下下陰也。苴子余反茵音因頲京領反注同警枕也又烱迥反編必綿反萑音姦葦于鬼反裹音果著蓐上音佇下音辱刀卻刃授頴削授拊辟用時頴鐶也拊謂把○潁役頃反削音笑辟音避把音霸○凡有刺刃者以授人則辟刃辟刃不以正鄉人也○刺七智反又七亦反辟匹亦反注同鄉許亮反下鄉國同〔疏〕其以乘壺酒束脩一犬賜人至凡有刺刃者以授人則辟刃○正義曰此一節廣明以物獻遺人法各隨文解之○其以乘壺酒束脩一犬賜人若獻人者四馬曰乘故知四壺酒亦曰乘壺酒束脩十脡脯也酒脯及犬皆可爲禮也與卑者曰賜奉尊者曰獻隨其所與故云賜人若獻人也○則陳酒執脩以將命者陳列也酒重脯輕故陳列重者於門外而執輕者進以奉命也○亦曰乘壺酒束脩一犬者謂將命之時辭也雖陳酒犬而單執脯致命而其饋亦猶曰有酒脯犬也若二犬亦當言二也○注酒謂至命也○正義曰案內則酒醴有清有糟泲者曰清不泲者曰糟故知此酒或清或糟云不言陳犬或無脩者牽犬以致命也者鄭釋初云有酒脯犬而後唯云陳酒執脯不言陳犬故明之也若言陳犬則嫌無脯時亦猶陳之今欲明若無脯者則陳酒牽犬以將命故不言陳犬也犬馬不上於堂牽之當在下耳○其以鼎肉則執以將命○謂無脯犬而有酒肉者也則亦陳酒而執肉以將命也云鼎肉者謂已解剝可升於鼎者解剝則易執也其禽加於一雙則執一雙以將命委其

餘者謂以禽獸賜也二隻曰雙加於一雙謂或十或百雙也假令多雙則唯執一雙將命也委其餘者所餘多雙則委陳門外也○犬則至右之緤牽犬繩也若牽犬將命則執緤犬繩也○守犬田犬則受擯者既受乃問犬名者犬有三種一曰守犬守禦宅舍者也二曰田犬田獵所用也三曰食犬充君子庖廚庶羞用也田犬守犬有名食犬無名獻田犬守犬則主人擯者既受之乃問犬名○牛則執紖馬則執靮者紖靮俱牽牛馬之物故執之○皆右之者謂以右手牽之由便故也此謂田犬守犬畜養馴善無可防禦若充食之犬則左手牽之右手防禦故曲禮云效犬者左牽之是也○注謂若至之屬○正義曰戰國策云韓子盧者天下之壯犬也桓譚新論云夫畜生賤也然其尤善者皆見記識故犬道韓盧宋⿰犭足又魏文帝說諸方物亦云狗於古則韓盧宋鵲則⿰犭足鵲音同字異耳故鄭亦爲鵲字○臣則左之者謂征伐所獲民虜者也左之謂左手操其右袂也以其異於衆物衆物犬馬之屬犬馬不生變異故皆右之民虜或起惡慮故以左手操右袂右手當制之是與衆物異也○車則至奉胄○獻車馬者執策綏故知陳車馬而說綏執以將命○甲若有以前之則執以將命者甲鎧也有以前之謂他物也謂獻鎧若復有他物與鎧同獻則陳鎧而執他物輕者以將命也○無以前之

則袒櫜奉冑者袒開也櫜弢鎧衣也冑兜鍪也若無他物唯獻甲而已則開甲出櫜冑奉之將命也曲禮云獻甲者執冑是也器則執葢○器凡器若獻則陳底執葢以將命葢輕便也○弓則以左手屈韣執拊○韣弓衣拊弓把也獻弓則左手屈弓衣并於把而執之以其右手執簫以將命也曲禮云右手執簫左手承弣是也○劒則至劒焉○簫啓開也櫝劒函也獻劒則先開函也○葢襲之者葢劒函之葢也襲謂郤合也開函而以葢郤合於函下底於葢上加夫襓者襓劒衣也先郤合葢於函下又加劒衣函中也○與劒焉者加衣於函中竟而以劒置衣上也○注襲至發聲○正義曰皇氏云郤仰也謂仰葢於函底之下加函底於上重合之故云襲云夫襓劒衣也者熊氏云依廣雅夫襓木劒衣謂以木爲劒衣者若今刀榼云夫或爲煩皆發聲者以禮記本夫或作煩字者故云夫或爲煩皆是發聲故云皆發聲然則襓之一字是衣之正名襓字從衣當以繒帛爲之熊氏用廣雅以木爲之其義末善也○笏書至左手○笏也書也脩脯也苞苴也弓也菌也席也枕也几也穎警枕也杖也琴也瑟也戈有刃者櫝也謂戈之有刃者以櫝韜之策著也籥笛也○其執之皆尚左手者言執此諸物皆尊尚左手左手在上而執之右手在下而承之○注苞苴至陰也○正義曰苞苴謂編束萑葦以裹

魚肉者案既夕禮云葦苞長三尺內則云炮取豚編萑以苞之是編萑葦以裹魚及肉也亦兼容他物故禹貢云厥包橘柚孔叢子云吾於木瓜之惠見苞苴之禮行是也○茵著蓐也者謂茵是以物所著之蓐言有著者謂之曰茵故既夕云茵著用茶謂茅莠也用茶以著茵也云穎警枕也者以緌枕外別言穎穎是穎發之義故爲警枕云莢著也者曲禮云莢爲筮故莢爲著也云籥如笛三孔者案漢禮器知之詩注或云籥六孔兩不同者蓋籥有大小詩箋或云管如篴併而吹之云皆十六物也者前解經以也間之即是其數也○刀卻刃授穎○言授人以刀卻仰其刃授之以穎穎謂刀鐶也言以刃鐶授之削授拊者削謂曲刀拊謂削把言以削授人則以把授之○注穎鐶也○正義曰穎是穎發之義刀之在手謂之爲穎禾之秀穗亦謂之爲穎枕之警動亦謂之穎其事雖異大意同也○凡有刺刃者以授人則辟刃謂不以刃正鄉人也

乘兵車出先刃入後刃不以刃鄉國也**軍尚左**左陽也陽主生將軍有廟勝之策左將軍爲上貴不敗績**卒尚右**右陰也陰主殺卒之行伍以右爲上示有死志○卒于忽反注同行伍戶羽反下音五○

疏 乘兵至尚左○正義曰此一節論兵車出入及將士所處之宜○出先刃入後

刃者不欲以刃綱國○軍尚左者軍謂軍將行伍尊尚左方左是陽陽主生欲其生不敗績也○卒尚右者言士卒行伍貴尚於右右爲陰示其有必死之心賓客主恭祭祀主敬喪事主哀會同主詡恭在貌也而敬又在心詡謂敏而有勇若齊國佐○詡況矩反【疏】賓客至主詡○正義曰恭在貌敬在心賓客輕故主恭祭祀重故主敬會同主詡者詡謂敏大言語會同之時貴在敏捷勇武自光大○注詡謂至國治○正義曰成二年左傳齊晉戰於鞌齊國佐陳辭以拒晉師是敏而有勇也○軍旅思險隱情以虞險阻出奇覆諼之處也隱意也思也虞度也當思念己情之所能以度彼之將然否○阻側呂反覆芳富反謂伏兵也徐音赴諼況煩反諼詐也或云諼譁處昌慮反度大各反下同○【疏】軍旅至以虞○正義曰軍旅思險者言軍旅行處思其險阻之地出奇設謀以覆敗前敵○隱情以虞者隱意也思也虞度也謂以意思念彼情豫測度前敵知其所欲爲事記者明軍旅之中當須如此○注險阻至然否○正義曰險阻出奇覆諼之處也者鄭解經中險字險是地形險阻諼詐也地形既險得出奇謀覆詐故云險阻出奇覆諼之處若其平地則不得設奇謀設

許也虞度也釋言文云當思念已情之所能以度彼之將然否者言在軍旅先須思念已國之情所堪能以測度彼軍將欲如此以否

○燕侍食於君子則先飯而後已所以勸也○飯煩晚反下小飯同○毋放飯毋流歠小飯而亟之亟疾也備嚥噎若見問也○歠昌悅反亟紀力反注同嚥噎上於月反下伊結反○數噍毋為口容口容弄口○數色角反噍字又作嚼子笑反又在笑反○客自徹辭焉則止主人辭其徹○

〔疏〕燕侍至則止○正義曰此一節明侍食之法○先飯而後已者先飯先君子之飯若嘗食然君子食罷而後已若勸食然○小飯而亟之者小飯謂小口而飯亟謂疾速而咽小飯而備嚥噎也速咽之備見問也○數噍毋為口容者數噍謂數數嚼之無為口容者無得弄口以為容也○客自徹辭焉則止○者謂食訖客欲自徹其俎主人辭其徹俎客則止而不徹○

客爵居左其飲居右客爵謂主人所酬賓之爵也以優賓耳賓不舉奠于薦東介爵酢爵僎爵皆居右三爵皆飲爵也介賓之輔也酢所以酢主人也古文禮僎作遵

遵爲鄉人爲鄉大夫來觀禮者酢或爲作僎或爲騶。○介音界注同僎音遵騶責留反本又作馴一音巡【疏】客爵至居右○正義曰此一節明客爵所在客爵依鄉飲酒禮主人酬賓之爵賓受奠觶于薦東是客爵居左也○其飲居右者鄉飲酒禮旅酬之時一人舉觶于賓賓奠觶于薦西至旅酬賓取薦西之觶以酬主人是其飲居右也○介爵酢爵僎爵皆居右者介賓副也酢謂客酢還荅主人也僎謂鄉人來觀禮副主人者也此三人既不被優故爵並居右示爲飲之案鄉飲酒介爵及主人受酢之爵并僎爵皆不明奠置之所故記者於此明之○注客爵至賓耳○正義曰案鄉酒禮主人酬賓奠觶于薦東所以不奠薦西者欲優饒其賓且令閑裕故不奠於薦西賓又不盡主人之歡還奠薦東示不敢飲也○注三爵至禮者○正義曰案鄉飲酒禮主人獻介介飲獻賓賓酢主人主人飲主人獻僎僎飲是三爵皆飲爵云遵謂鄉人爲鄉大夫來觀禮者案鄉射禮若有遵者則入門左注云此。人謂鄉之人爲大夫者也謂之爲遵者方以禮樂化民欲其遵法之也今文遵或爲僎云酢或爲作僎或爲馴者謂他文書本有作此字者故云或他皆倣此

○羞濡魚者進尾擗之由後鯁肉易離也乾魚進首擗之由前理易析也○濡音儒擗補麥反下同鯁格猛

反易以豉反下同析星歷反○冬右腴氣在下腴腹下也○腴以朱反夏右鰭氣在上鰭脊也○右鬐音祈脊子昔反祭膴膴大臠謂刳魚腹也膴讀如哻○膴舊火吳反依注音哻況甫反徐況紆反臠力轉反刳口胡反又苦侯反○疏羞濡至祭膴○正義曰此一節明進魚之禮○羞濡魚者進尾濡溼也謂膳羞有溼魚也進尾者擗溼魚從後來則脇肉易離也○冬右腴者腴謂魚腹冬時陽氣下在魚腹故右腴○夏右鰭者鰭謂魚脊夏時陽氣上在魚脊故右鰭凡陽氣所在之處肥美故進魚使嚮右以右手取之便也此濡魚進尾乾魚進首及右腴右鰭之屬皆謂尋常燕食所進魚體非祭祀及饗食正禮也若祭祀魚在於俎皆縮載俎既橫設魚則隨俎而從於人爲橫無進首進尾之理故少牢魚用鮒而俎縮載其主人正饗亦然公食大夫禮魚七縮俎是也正祭魚既縮載少牢主人獻祝佐食三魚一橫之彼是正祭魚橫者以魚與牲體共俎故特橫之殊於牲體也若天子諸侯繹祭及鄉大夫儐尸魚則橫載之於俎俎在人前而橫魚則於人爲從得有進首尾也故有司徹云尸俎五魚橫載之侑主人皆一魚亦橫載之彼注云橫載之者異於牲體如鄭此言正祭之時牲體橫而魚縮載儐尸之時牲體縮而魚橫載之故云橫載之者異

於牲體也正祭則右首進腴故少牢魚右首進腴變於生人若生人右首進鰭故公食大夫云寢右注云右首也寢右進鰭也乾魚近腴多骨鯁案特牲少牢魚皆十有五鄭云從陰類昬禮魚十有四減一從偶數士喪禮大斂及士虞禮及公食禮魚皆七其天子諸侯魚數未聞。祭膴者膴謂刳魚腹下爲大臠此處肥美故食魚則刳取以祭先也。○凡齊執之以右居之以左齊謂食羹醬飲有齊和者也居於左手之上右手執而正之由便也。齊才細反注及下以齊並同食音嗣和戶卧反下齊和同便婢面反。〔疏〕○凡齊至於左。○正義曰此一經明齊和之宜凡齊者謂以鹽梅齊和之法。執之以右者謂執此鹽梅以右手居之於左者謂居處羹食於左手之上以右手所執鹽梅調和正之於事便也○贊幣自左詔辭自右自由也謂爲君授幣爲君出命也立者尊右。爲于僞反下爲君同〔疏〕贊幣至自右。○正義曰此一經論贊幣贊辭之異自由也贊助也謂爲君授幣之時由君左。詔辭自右者詔辭謂爲君傳辭也君辭貴重若傳與人時則由君之右也。酌尸之僕如君之僕當其爲尸則尊其在車則左執轡右受爵祭左右軌。范。乃飲周禮大御祭兩軹祭軌乃飲軌與軹於車同謂轊頭也軌。與范。聲同謂軾前也。軌媿美反范音犯軹音吉轊音衛軾音式。疏酌尸至乃飲。正義曰此一節明為尸之僕祖道祭軷之宜。酌尸之僕者僕為尸御車之人將欲祭軷酌酒與尸之僕令為軷祭如似酌酒與君之僕以其為尸則尊之似君也。其在車則左執轡右受爵者尸僕受酒法也其在車謂僕在車中時也僕既所主尸車故於車執轡而受爵也尸位在左僕立於右故左執轡右受爵祭酒也君僕亦然。祭左右軌范者軌謂轂末范謂式前僕受爵將飲則祭之酒於車左右軌及前范也所以祭者為其神助己不使傾危故也乃飲者祭徧乃自飲也。注周禮至前也。正義曰案周禮大馭祭兩軹祭軌。此云祭右右軌范兩文不同則左右軌與兩軹是一故云軌與軹於車同謂轊頭謂車轂小頭也此云范大御云軌。兩事是一聲同字異故云聲同謂式前之範與此范俱是式前也但式前之軓車旁著凡或作範字雖作範字聲同而字異即詩邶風濟盈不濡軓亦車旁凡與此同也若轂末之軌則車旁著九此經左右軌是也其車轍亦謂之軌亦車旁著九則考工記經涂九軌是與此字同而事異也

○凡羞有俎者

則於俎內祭俎於人爲橫不得祭於間也。君子不食圂腴周禮圂作豢謂犬豕之屬食米穀者也腴有似人穢。圂與豢同音患濊本又作穢紆廢反一音烏外反。小子走而不趨舉爵則坐立飲小子弟子也甲不得與賓介具備禮容也凡洗必盥先盥乃洗爵先自絜也盥有不洗也。盥音管又古亂反牛羊之肺離而不提心提猶絕也刲離之不絕中央少者使提絕以祭耳。不提心丁禮反注同絕句刲苦圭反刲本又作離同力兮反又力知反。凡羞有湇者不以齊齊和也。湇起及反爲君子擇葱薤則絕其本末爲有萎乾。爲于僞反注同薤戶戒反萎乾上於危反又於僞反下音竿羞首者進喙祭耳耳出見也。喙許穢反見賢遍反。尊者以酌者之左爲上尊尊者設尊者也酌者鄉尊其左則上尊也。遵本又作尊注下皆同鄉許亮反下鄉人同尊壺者面其鼻鼻在面中言鄉人也飲酒者禨者醮者有折俎不坐折俎尊徹之乃坐也已沐飲曰醮酌始冠曰醮。醮其記反醮子笑反折之設反下及注皆同冠古亂反未步爵不嘗羞步行也。○牛與羊魚之腥聶而切之爲膾聶之言牒也先藿葉切之復報切之則成膾。聶之涉反注及下皆同膾古外反牒直輙反復扶又反。麋鹿爲菹野豕爲軒皆聶而不切麕爲辟雞兎爲宛脾皆聶而切之切葱若薤實之醯以柔之此軒辟雞宛脾皆菹類也其作之狀以醯與葷菜淹之殺肉及腥氣也。麋音眉軒音獻注同倶倫反辟音壁又補麥反徐扶益反注同兎他故反宛脾上於阮反下毗支反切葱若薤實之絶句菹莊居反葷許云反淹於廉反又於劫反。○其有折俎者取祭肺反之不坐燔亦如之亦爲尺柄之類也燔炙也鄉射曰賓奠爵于薦西興取肺坐絶祭左手嚌之興加于俎坐帨手。燔音煩柄兵命反嚌之才細反帨本亦作稅始銳反。○尸則坐尸尊也少

卒饋食禮曰尸左執爵右兼取肝肺擩于俎鹽振祭嚌之加于菹豆○食音嗣擩本又作換而專反又而悅反徐耳誰反

【疏】凡羞至則坐○正義曰此一節廣明祭俎及羞膳之事○凡羞有俎者則於俎內祭者若羞在豆則祭於豆閒若脩在俎則於俎內而祭俎在人前橫設俎內近人之處以俎於人爲橫不得祭於俎間也俎橫在人前故不得祭於俎外及兩俎間也○君子不食圂腝○圂猪犬也腝猪犬腸也言猪犬亦食米穀其腹與人相似故君子但食他處辟其腝謂腸胃也故鼎關一也○小子至立飲○小子弟子也趨徐趨也弟子不得與賓主參預禮但給役使故宜驅走不得趨翔爲容也○舉爵則坐祭立飲者謂弟子若得酒舉爵時則先以坐祭祭竟而立飲之也○凡洗必盥○洗洗爵也盥洗手也○凡飲酒必洗爵洗爵必宜先洗手也○牛羊之肺離而不提心○謂祭肺法也提猶絕也取肺剉離之不絕心心謂肺中央少許耳○凡羞有湆者不以齊質云湆汁也若羞有汁則有鹽梅齊和若食者更調和之則嫌薄主人味故不以齊也賀瑒云凡湆皆謂大羹大羹不和也○爲君至本末○本根也蔥薤根不淨末萎乾故擇者必絕其二處爲君子如此則非君子不然○羞首者進喙祭耳羞亦膳羞也首頭也喙口也若膳羞有牲頭者則進口以嚮尊者尊者若祭先

取牲耳祭之也○尊者至嘗羞○此一節論設尊及折俎行爵嘗羞之儀尊者謂設尊人也人君陳尊在東楹之西於南比列之設尊之人在尊東西面以右爲上則尊以南爲上也酌謂酌酒人也酌人在尊東西面以左爲上亦上南也二人俱以南爲上也故云以酌者之左爲上尊○注尊者至尊也○正義曰庾云燕禮司宮尊于東楹之西兩方壺左玄酒南上注玉藻云唯君面尊玄酒在南順君之面也下云公席阼階上西鄉下又云執幕者升自西階立于尊南北面東上案左玄酒南上之言是設尊者東鄉酌者西鄉設者之右則酌者之左也○尊壺者面其鼻者尊與壺悉有面面有鼻鼻宜嚮於尊者故言面其鼻也○飲酒者則下文機者醮者是也揔以飲酒目之機者謂沐而飲酒醮者謂冠而飲酒○有折俎不坐者折謂折骨體於俎也機醮者若折俎爲尊機醮小事爲卑故不得坐也折俎所以爲尊者賀云折俎則殺饌尊故冠禮庶子冠于房戶之前而冠者受醮不敢坐及機者並不敢坐也案鄉飲酒燕禮有折俎者皆不坐獨云機者醮者不坐者以機者醮者無酒俎之時則得坐嫌畏有折俎亦坐故特明之云有折俎不坐○未步爵不嘗羞者步行也羞殺羞也殺羞本爲酒設若爵未行而先嘗羞是貪食矣故不先爵嘗之也此謂無筭爵之時羞庶羞行爵之後始嘗之若

正羞脯醢折俎未飲酒之前則嘗之故鄉飲酒鄉射燕禮大射獻後乃薦賓皆先祭脯醢嚌肺乃飲卒爵○牛與至柔之此一節明膾及齏菹麤細之異○聶而切之者謂先牒爲大臠而後報切之爲膾也麋鹿爲菹以下已於內則具釋之○其有至則坐○此一節明祭俎之儀折俎謂折骨於俎俎既有足柄尺之類故就俎取所祭肺立而取之升席坐祭祭訖反此所祭之物加之於俎皆立而爲之故云取祭反之不坐唯祭時坐耳○燔亦如之者燔謂燔肉雖非折骨其肉在俎其取及祭反時皆亦不坐故云燔亦如之○尸則坐者前云不坐者是賓客耳若爲尸尸尊雖折俎初取祭反之皆坐也○注尸尊至菹豆○正義曰引少牢饋食禮者證尸坐之義前注引鄉射禮云賓奠爵于薦西與取肺云與則立也此引少牢禮云尸左執爵右兼取肝肺不云與故知尸則坐菹豆盛菹之豆也○衣服在躬而不知其名爲罔罔猶罔罔無知貌○罔本亦作冈又作網亡兩反○【疏】衣服至爲罔○正義曰衣服文章所以表人之德亦勸人慕德若著之而不識知其名義者則是罔罔無知之人也○其未有燭而後至者則以在者告道瞽亦然爲其不見意欲知之

也師冕見及階子曰階也及席子曰席也皆坐子告之曰某在斯某在斯○道音導爲于僞反下爲宥下文爲人爲已同冕見賢遍反○凡飲酒爲獻主者執燭抱燋客作而辭然後以授人爲宥言也主人親執燭敬賓示不倦也言獻主者容君使宰夫也未爇曰燋○燋側角反又子約反又音在遥反爇人悅反○執燭不讓不辭不歌以燭繼晝禮殺○殺色戒反○

疏其未至不歌○正義曰此一節明有燭無燭之儀爲主人法也在者謂已在於坐者若日已闇而坐中未有燭繼新有人後來至者則主人以在坐中者而告之云某人在此某人在此使後來人知之也○道瞽亦然者瞽無目恒如日闇故道示之亦如無燭時也○凡飲酒爲獻主者獻主主人也謂爲飲酒主人法也凡飲酒主人自獻賓若尊卑不敵則使宰夫爲主人以獻賓故爲獻主也○執燭者謂夜闇執燭○抱燋者燋謂未爇之炬既欲留客又取未然之炬抱之也○客作而辭者作起也客既見主人執燭抱燋故自起辭之也○然後以授人者主人見客起辭故從辭而止以燭乃授已執事之人○執燭不讓不辭不歌者執燭夜時也禮賓主有讓及更相辭謝又各歌詩相顯今既夜莫所

以殺於。三事。洗盥執食飲者勿氣有問焉則辟咡而對示不敢歆臭也口旁曰咡。辟匹亦反徐孚益反咡而志反歆許金反臭許又反。〔疏〕洗盥至而對。
正義曰洗謂與尊長洗爵也盥謂與尊長洗手也若爲尊長洗盥及執尊長飲食則勿氣謂不。鼻嗅尊長飲食也。有問焉則辟咡而對者咡口旁也當爲尊者洗盥及執飲食之。時而尊者有事問已已則辟口而對不使口氣及尊者。

爲人祭曰致福爲已祭而致膳於君子曰膳祔練曰告此皆致祭祀之餘於君子。攝主言致福申其辭也自祭言膳謙也祔練言告不敢以爲福膳也

凡膳告於君子主人展之以授使者于阼階之南南面再拜稽首送反命主人又再拜稽首展省具也。使色吏反。其禮大牢則以牛左肩臂臑折九箇少牢則以羊左肩七箇犆豕則以豕左

肩五箇折斷分之也皆用左者右以祭也羊豕不言臂臑因牛序之可知○臂本亦作辟以豉反注同臑奴
報反又奴到反說文云臂羊矢讀若儒字林人於反箇古賀
反下同犆大得反斷丁管反又大喚反分方云反又扶問反
本又作箇古賀反○〔疏〕為人至五箇○正義曰此一節明致福及膳
於君子及所膳牲體之數謂為人攝祭而致飲
胙於君子也其致胙將命之辭則曰致福也謂致彼祭祀之
福於君子也○為已祭而致膳於君子曰膳者若已自祭而
致胙於君子則不敢云福而言致膳膳善也言致善味耳祔
練曰告者若已祔祥而致胙又不敢云福膳但云告言以祭
胙告君子使知已祔祥而已故顏回之喪饋孔子祥肉是也
○凡膳告於君子者結上也膳自祭及告祔也○主人展之
以授使者于阼階之南南面再拜稽首送者謂初遣使膳告
君子之去時也展省視敬君子故主人自省視飲食多少備
具而阼階南稽首拜送使者○反命主人又再拜稽首者使
從君子處還反則主人亦再拜稽首受命也亦當在阼階南
南面也曲禮云使者反必下堂而受命是也○其禮大牢則
以牛左肩臂臑折九箇者明所膳數也若得大牢祭者則用
牛膳也周人牲體尚右右邊已祭所以獻左也周貴肩故用
左肩也九箇者取肩自上斷折之至蹄為九段以獻之也臂

臑謂肩腳也○少牢則以羊左肩七箇者若禮得少牢者則膳羊左肩。○折爲七箇不云臂臑從上可知也然並用上牲不并備饌故大牢者唯牛少牢者唯羊也○植豕則以豕左肩五箇者若祭唯特豕以用豕左肩亦用五箇以爲膳也○

○國家靡敝則車不雕幾甲不組縢食器不刻鏤君子不履絲屨馬不常秣靡敝賦稅亟也雕畫也幾附纏爲沂鄂也組縢以組飾之及紟帶也詩云公徒三萬貝冑朱綅亦鎧飾也○靡亡皮反注同幾其衣反注同組音祖縢大登反常如字恒也本亦作甞秣音末穀馬亟本又作極紀力反急也一音其力反沂魚巾反鄂五合反紟其蔭反結也綅息廉反又音侵鎧若代反

疏國家至常秣○正義曰此一節明國家靡敝減省之禮靡謂侈靡敝謂凋敝由君造作侈靡賦稅煩急則物凋敝則改往脩來或可靡爲糜糜謂財物糜散凋敝古字通用○車不雕幾者幾謂沂鄂不雕畫漆飾以爲沂鄂○甲不組縢者縢謂紟帶其甲不用組以爲飾及紟帶君子不履絲屨者絲屨謂絇繶純之屬不以絲飾之故云不履絲屨○注組縢至飾也○正義曰云以組飾。者謂以組飾甲也云及紟帶也者謂以組連甲及爲甲帶言紟帶解經縢字縢是縛約之名故秦詩云竹閉緄縢注云縢約也引詩公徒三萬者魯頌閟宫文引之者貝冑朱綅貝冑謂以貝飾冑朱綅綴之也謂以朱繩綴甲故鄭云亦鎧飾也

附釋音禮記注疏卷第三十五

江西南昌府學栞

禮記注疏卷三十五挍勘記　阮元撰盧宣旬摘錄

少儀第十七

及薦羞之少威儀　閩監本同毛本少作小衛氏集說同

聞始見君子者節

謙遠之也　各本同釋文出嗛云本又作謙○按謙正字嗛假借字

聞始至命者　惠棟挍宋本無此五字

各隨文解之　閩監毛本同惠棟挍宋本隨作依

不得階主節

解上經文云聞名之義也　閩監毛本同惠棟挍宋本無經字

適者曰節

適者曰 監毛本作敵石經同岳本同嘉靖本同衛氏集說同此本敵誤適閩本同陳澔集說同盧文弨按云適敵古今字齊召南按云以鄭注推之古本是作敵者玩下文敵者曰贍從者敵者曰䞇可見作適者非也○按敵正字適假借字

罕見曰聞名節

前二條明始相見 惠棟按宋本作二條衛氏集說同此本二誤三條字不誤閩監本同毛本二條誤三條

此明已經相見 閩監毛本同衛氏集說作此經明已相見

按爾雅釋詁文罕希也 閩監毛本同孫志祖按云按爾雅釋詁希寡鮮罕此罕希當作希罕也

亟見曰朝夕節 惠棟云亟見節宋本分瞽曰聞名句另爲一節

亟見至聞名　惠棟挍宋本無此五字

適有喪者曰比節

四十持盈次　閩監毛本同惠棟挍宋本持作待次作坎衞氏集說同

童子曰聽事節

雖往適它喪　閩監毛本它作他衞氏集說同

適公卿之喪節

不直云聽役於將命　閩監毛本同考文引宋板命下有者字

君將適他節

君將適他　各本同石經同釋文出適它云本亦作他按此本正義並作它

君將至從者　惠棟挍宋本無此五字

論臣致物於君及適者之辭閩監毛本同衞氏集說適作敵浦鏜挍云當作敵

臣如置金玉貨貝於君者閩監毛本同惠棟挍宋本置作致

略舉其梗槩耳閩本同監毛本梗作挭

臣致襚於君節

言廢衣不敢必用斂也惠棟挍宋本作言廢衣不必其以斂也宋監本同岳本同嘉靖本同衞氏集說同閩監毛本作言廢衣不必以其斂也其以二字誤倒

周禮玉府毛本作玉岳本同嘉靖本同衞氏集說同此本玉誤五閩監本玉誤王

臣致至曰襚惠棟挍宋本無此五字

但充以廢致不用之例閩監毛本同衞氏集說無以字例作列下有也字浦鏜挍云廢致疑廢置誤盧文弨挍云致置古多通用

文謂物織畫繡之屬也　惠棟挍宋本作物謂文衞氏集說同此本誤倒閩監毛本同

親者兄弟節

不執將命者　惠棟挍宋本者作也宋監本同考文引古本足利本同岳本同嘉靖本同衞氏集說同此本也誤者閩監毛本同

大功以上同體之親　監毛本同閩本體作財衞氏集說同考文引宋板同

臣爲君喪節

尤是送君　閩本尤作衣惠棟挍宋本同衞氏集說同此誤尤監毛本同

賵馬入廟門節

賻馬與其幣　各本同毛本幣誤弊疏同

賵馬至廟門　閩本同監毛本賵誤賻惠棟挍宋本無此五字

禮既袓訖而後賵馬入 考文引宋板袓作祖衞氏集說同此誤袓閩監毛本同

以馬助生人營喪曰賻馬 惠棟挍宋本有人字衞氏集說同此本人字脫閩監毛本同

周禮革路建大白以即戎也 惠棟挍宋本有禮革二字此本禮革二字脫閩監毛本同

有以大白兵車而賵之者 惠棟挍宋本賵作賻此本誤閩監毛本同

賻者既致命節

賻者至受也 惠棟挍宋本無此五字

坐委于擯東南 閩監毛本同衞氏集說擯作殯下不告擯同按作殯是也

受立授立節

受立至之矣 惠棟挍宋本無此五字

及送贈之禮 閩監毛本同惠棟挍宋本送贈作贈送

類尊者故也 閩監毛本同惠棟挍宋本類作煩

則有坐而授受 考文引宋板作授受衞氏集說同此本作受授閩監毛本同

始入而辭節

始入至則否 惠棟挍宋本無此五字

問品味節

問品至某乎 惠棟挍宋本無此五字

教國子三德三行者 嚴杰云者字上脫三德二字

禮樂射馭書數也 惠棟挍宋本如此此本馭下衍於字閩監毛本同考文無於字又無也字

衞氏集説同

不疑在躬節

訾思也重猶寶也　惠棟按宋本如此宋監本同岳本同嘉靖本同衞氏集説同考文引古本足利本同此本作訾思重猶寶也也閩監毛本刪去一也字而思下也字遂脱

不疑至重器　惠棟按宋本無此五字

則爲賓爲主皆然也　閩監毛本同衞按宋本則作而

謂卿大夫之家也　惠棟按宋本有卿字此本卿字脱閩監毛本同衞氏集説同

不可願斅之也　惠棟按宋本同閩監毛本斅作效衞氏集説同

淫亂濫惡也　惠棟按宋本此下標禮記正義卷四十四終記云凡二十三頁

汜埽曰埽節　惠棟按宋本自此節起至國家靡敝節止題禮記正義卷第四十五

氾埽曰埽 閩監毛本同石經同岳本同嘉靖本同衛氏集說同釋文氾作氾浦鏜挍云氾誤氾下並同

埽席前曰拚 閩本同石經同岳本同嘉靖本同衛氏集說同監毛本拚誤拚釋文亦作拚下拚及疏並同

帚恒帚地 毛本作埽岳本同嘉靖本同衛氏集說同此本誤作帚閩監本同考文引宋板古本足利本亦作埽

不絜清也 閩本同監毛本絜作潔岳本同嘉靖本絜作絜衛氏集說同釋文同○按漢人祇作絜

氾埽至膺擖 惠棟挍宋本無此五字

明主人與賓洒埽之事 閩監毛本同惠棟挍宋本與作爲衛氏集說同

若帚席上 惠棟挍宋本帚作埽此本埽誤帚閩監毛本同衛氏集說埽作拚

不得持鄉尊者 惠棟挍宋本作得衛氏集說同此本得字漶滅閩監毛本得作可

不貳問節

不貳至則否　惠棟挍宋本無此五字

此一節明問卜筮之法　惠棟挍宋本有問字衛氏集說同此本問字脫閩監本同毛本同法誤卜

不二問者　閩監本同毛本二作貳

不得二心　閩監本同毛本二作貳惠棟挍宋本同下若二心同

尊長於已踰等節

喪俟事不犆弔　各本同石經同釋文出不特云本又作犆○按特正字

端慤所以爲敬也　各本同釋文慤作愨是也

嫌勝故薄之　惠棟挍宋本薄作專宋監本同岳本同嘉靖本同衛氏集說同考文引古本足利本同此本誤閩監毛本並誤

尊長至擢馬　惠棟按宋本無此五字

奉命於尊長諸雜之儀　閩監毛本命作侍衞氏集說同

若尊者眠臥　閩本同惠棟按宋本同衞氏集說同監本眠誤服毛本眠誤臨

上耦前取一矢下耦又進　閩監毛本同考文引宋板矢作夨衞氏集說同

但頻勝馬三籌得　惠棟按宋本作三馬衞氏集說同此本三馬二字倒閩監毛本同

足以爲三馬以成定勝也　閩監毛本同衞氏集說定字無

執君之乘車節

扡諸辟　宋監本惠棟按宋本岳本嘉靖本同閩監毛本扡作拖衞氏集說同石經扡字殘闕釋文亦作扡○按依說文當作拕从手㐌聲

執君至後步　惠棟按宋本無此五字

謂君不在車 惠棟挍宋本有君字此本君字脫閩監毛本同

髆車覆蘭也 惠棟挍宋本同閩監毛本蘭作闌下車前髆蘭也同

而拖末於車前髆上也 閩監毛本拖作揶衞氏集說同

請見不請退節

罷之言罷勞也春秋傳曰師還曰疲 閩監毛本同岳本同衞氏集說同嘉靖本同吉誤吉段玉裁挍本云罷勞之罷當作疲曰疲之疲當作罷二字葢互譌

請見至曰罷 惠棟挍宋本無此五字

及朝廷歸退之辭 惠棟挍宋本作歸退衞氏集說同此本歸退二字倒閩監毛本同

侍坐於君子節

尊者忽問日之蚤晚 閩本作晚惠棟挍宋本同衞氏集說同此本晚誤暮監毛本晚誤莫

事君者節

事君至罪也　惠棟挍宋本無此五字

然猶如此　閩毛本同監本此誤比

不窺密節

不窺至戲色　惠棟挍宋無此五字

故鄭云嫌伺人之私也　惠棟挍宋本有故字此本故字脫閩監毛本同

爲人臣下者節

怠墮也　惠棟挍宋本墮作惰宋監本同岳本同嘉靖本同衛氏集說同此本誤閩監毛本同釋文亦出怠惰各本正義並作惰字不誤

不可因也　閩監毛本同嘉靖本同惠棟挍宋本不作無宋監本同岳本同衛氏集說同考文引古本足利

本同

爲人至之役 惠棟挍宋本無此五字

君若惡臣當諫之 惠棟挍宋本若下有有字衞氏集說同此本有字脫閩監毛本同

役爲也謂事君如上者 惠棟挍宋本有也字此本也字脫閩監毛本同

柳莊者是社稷之臣也 閩監毛本同考文引宋板無是字

毋拔來節

毋瀆神 閩本同石經同岳本同嘉靖本同衞氏集說同監毛本瀆作瀆

說或爲伸 閩監毛本伸作申岳本同嘉靖本同此本誤也衞氏集說誤作甲

思此則疾貪也 考文引古本同閩監毛本貪作貧岳本同嘉靖本同衞氏集說同

毋拔至言語 惠棟挍宋本無此五字

凡人故不可豫欲測量之也閩監毛本同惠棟按宋本故作固衛氏集說同

謂規矩尺寸之法或言工巧式閩監毛本同浦鏜按或改式作法式是也

今有夕桀各爲二篇閩監毛本同惠棟按宋本二作一

餘並不敢惠棟按宋本敢作取此本誤敢閩監毛本同

注說至宜也閩監毛本同考文引宋板說下有謂字

或薄或厚聲之振動閩監毛本同惠棟按宋本振作震衛氏集說同

言語之美節

讀如歸往之往閩監毛本同岳本同嘉靖本同衛氏集說同按讀如當依正義作讀爲

言語至雍雍惠棟按宋本無此五字

心有繼屬閩監毛本同衛氏集說有下有所字繼字同浦鏜按繼改繫

四牡騑騑閩監毛本同衞氏集說同惠棟挍宋本四作駟下四牡翼翼四牡騑騑並同

皆是馬之嚴止閩監毛本同考文引宋板無皆是二字止作正

問國君之子節

車中之拜肅拜考文引宋板車作軍古本足利本同岳本同嘉靖本同此本誤車閩監毛本同衞氏集說同段玉裁挍本云車中當作軍中公羊僖三十二疏正作軍

問國君至不拜惠棟挍宋本無此六字

幼則云已能受命令於樂人閩監毛本同衞氏集說命作政

大磬舜樂也閩本同惠棟挍宋本同監毛本磬作韶○按韶正字磬假借字周禮作磬磬者籒文鞉字也

婦人吉事節

肅拜拜低頭也　閩監毛本同岳本同嘉靖本同衛氏集說同段玉裁挍本云當作肅拜拜不低頭也別有說

婦人以肅拜爲正　各本同考文引古本下有故雖君賜之重亦肅拜而受十一字

婦人至手拜　惠棟挍宋本無此五字

此一節論婦人拜儀　閩監毛本同惠棟挍宋本節作經衛氏集說同

而昏禮婦拜扱地　惠棟挍宋本有婦字衛氏集說同此本婦字脫閩監毛本同

左傳穆嬴　閩監毛本同衛氏集說嬴作嬴

葛絰而麻帶節

葛絰而麻帶　閩監本同毛本而作至惠棟挍宋本無此五字

帶有除無變　閩監毛本同衛氏集說同惠棟挍宋本帶下有則字

故云麻帶也　閩監毛本同惠棟挍宋本無也字云作曰　衞氏集說也字亦無

取俎進俎節　惠棟云取俎節宋本分執虛以下另爲一節

取俎進俎不坐　惠棟挍宋本無此六字

謂進肉於俎　閩監本同考文引宋板同毛本於誤如

凡祭於室中節

堂上無跣　閩監毛本同石經同岳本同嘉靖本同衞氏集說同　釋文出毋跣

爲歡也　各本同釋文歡作懽

說屨乃升堂　各本同釋文出稅屨云本或作脫又作說

凡祭至有之　惠棟挍宋本無此五字

若擯尸則于堂　閩監毛本同惠棟挍宋本擯作儐衞氏集說同

燕安坐相親之心 閩監毛本同浦鏜挍云心下增也字

乘貳車節 惠棟云乘貳車節宋本分貳車者以下合有貳車者節爲一節

卿大夫各如其命之數 閩監毛本同岳本同嘉靖本同惠棟挍宋本卿上有及字數下有也字宋監本同考文引古本同衛氏集說卿上亦有及字數下也字無考文引足利本同

乘貳至則否 惠棟挍宋本無此五字

貳車云式主敬 惠棟挍宋本有貳字此本貳字脫閩監毛本同

上公貳九乘 惠棟挍宋本貳下有車字是也閩監毛本作上貳公九乘公貳誤倒車字亦誤脫

有貳車者之乘馬節

尊有爵之物 惠棟挍宋本爵下有者字宋監本同岳本同嘉靖本同衛氏集說同考文引古本足利本同此本者字脫閩監毛本同

有貳至弗賈　惠棟挍宋本無此五字

有二車者之乘馬服車不齒者　閩監毛本同惠棟挍宋本二作貳下同

其以乘壺酒節

束脩　閩監本同石經同岳本同衞氏集說同嘉靖本脩作修毛本束脩誤束修下執脩束脩書脩並同注疏放此

車則說綏　各本同石經同釋文出稅綏云本又作脫又作說

則袒櫜奉胄　各本同監本胄誤胃

櫝謂劒函也　閩監毛本同岳本同嘉靖本同衞氏集說同考文云古本下有蓋者匣之蓋也六字按既言函又言匣字歧出正義云蓋劒函之蓋也古本蓋依此增入

夫襓劒衣也　各本同考文云古本下有開匣以其蓋卻合於匣之底下乃加襓襓於匣中而以劒置襓上也二十五字按此亦妄增也下接加劒於衣上於文義不順

頴杖 宋監本亦作頴岳本同閩監毛本頴作穎石經同衞氏集說同嘉靖本頴誤穎注放此石經考文提要云按九經三傳沿革例云疏本作穎釋文及建諸本作頴監本及興國本作穎釋文以警枕之頴其旁下從火又未知監本與國本穎字其旁下从禾者以何本爲據今頴穎二字皆依釋文據此則宋監本已作穎益从正義謂穎是穎發之義刃之在手謂之爲穎禾之秀穗亦謂之爲穎枕之警勁亦謂之穎故其字从禾然釋文最古且警枕與刃穎字有分別故珂依之宋本九經南宋巾箱本余仁仲本劉叔剛本儀禮經傳通解禮記纂言並作頴按今釋文頴字各本亦不同葉影宋本作頴公庫本作穎通志堂本作穎與唐石經合○按段玉裁云頴益與炯同頴之言耿耿也故爲警枕詩言耿耿不寐是也穎誤穎俗

筴籥 閩本同惠棟校宋本同宋監本同石經同岳本同嘉靖本同衞氏集說同考文引古本足利本同監毛本筴作莢按注筴字閩監毛本俱作莢

謂編束萑葦以裹魚肉也 惠棟校宋本作萑宋監本同岳本同嘉靖本同衞氏集說同此

本萑字模糊閩監毛本萑作萑按正義本作萑釋文本作营各本裹字不誤惟毛本誤裹○按萑葦之萑當作萑从艸萑聲萑別一物

左手執上 各本同考文引古本下有右手捧下陰陽之義也九字按增此九字於文義亦不順元文當無

刀卻刃授頴 閩監毛本頴作穎石經同釋文同岳本同衛氏集說同嘉靖本頴誤穎注同

其以乘壺酒束脩一犬賜人至凡有刺刃者以授人則辟刃 惠棟按宋本無此二十三字

其以鼎肉則執以將命○ 閩監毛本同惠棟按宋本○作者毛本同

犬則至右之 閩監本同惠棟按宋本作犬則執緤者

則執緤犬繩也○ 閩監本同毛本犬誤大○脫惠棟按宋本無○

則猔鵲音同 惠棟按宋本同閩監毛本猔誤促

則開甲出櫜胄奉之　惠棟挍宋本作櫜出衛氏集說同此本櫜出二字倒閩監毛本同

注櫜卻至發聲　惠棟挍宋本有卻字此本御字脫閩監毛本同

若今刀榼　閩監毛本同惠棟挍宋本榼作[illegible]

故云夫或爲煩　惠棟挍宋本同閩監毛本或誤作

當以繒帛爲之　惠棟挍宋本作帛此本帛誤線閩監毛本帛誤綿

穎警枕也　閩監毛本穎作穎按疏中此字本作穎九經三傳沿革例所謂疏本作穎是也

筴著也　閩本同監毛本筴作莢

見苞苴之禮行　閩監毛本同惠棟挍宋本苞作包

菌著蓐也者　閩監本同惠棟挍宋本菌上有云字毛本同

管如篴　考文引宋板同閩監毛本篴作箋

乘兵車節

不以刃鄉國也岳本同嘉靖本同閩監毛本同鄉作嚮衛氏集説同釋文出上注正鄉云下鄉國同是釋文本亦作鄉也○按嚮俗鄉字

乘兵至尚右惠棟挍宋本無此五字

燕侍食於君子節

毋放飯閩毛本同石經同岳本同嘉靖本同衛氏集説同監本毋上有同字葢誤以上句音義下小飯同之同字混入經文

燕侍至則止惠棟挍宋本無此五字

客爵居左節

僎或爲騶閩監毛本同岳本同衛氏集説同惠棟挍宋本騶作騶宋監本同嘉靖本同考文引古本同釋

文出爲騶云本又作馴按正義云僎或爲馴者是正義本當作馴也

客爵至居右　惠棟校宋本無此五字

注云謂此鄉之人　惠棟校宋本作謂此此本謂此二字倒閩監毛本同

今文遵或爲僎　惠棟校宋本同閩監毛本文誤云

羞濡魚者節

夏右鰭　各本同石經同釋文鰭作鬐

羞濡至祭膴　惠棟校宋本無此五字

少牢主人獻祝佐食　惠棟校宋本作祝與儀禮合此本祝誤俎閩監毛本同

皆十有五　閩本作十有惠棟校宋本同此本十有二字倒監毛本同下十有四同

贊幣自左節

謂爲君授幣 考文引宋板作授古本足利本同衞氏集說同此本授誤受閩監毛本同岳本同嘉靖本同

贊幣至自右 惠棟挍宋本無此五字

謂爲君授幣之時 惠棟挍宋本作授衞氏集說同此本授誤受閩監毛本同

酌尸之僕節

祭左右軓范 閩監毛本同石經同岳本同嘉靖本同衞氏集說同惠棟挍宋本軓作軏盧文弨挍云軏乃軹之譌而鄭此處但云與軹同釋文又音媿美反不當改軏按盧挍是也軓本爲車轍鄭君此注以當軹軓爲二軾前注意以爲卽此范范既爲軓軓又改軓是祭左右軓軓必不可通戴震有辨詩禮注軓軌軹軒四字文言之極詳段玉裁曰軓者輿下輪內之偁高誘注呂氏春秋曰兩輪之閒曰軌毛公詩傳曰由輈以下曰軌合此二語知軌之所在矣上距輿下距地兩旁距輪此之謂軌高誘云兩輪之閒去輪言之則空處也連輪言之則禮記之左右軌也

祭軌乃飲各本同惠棟挍宋本軓作軌非也

軌與范聲同閩監毛本同惠棟挍宋本軌作範宋監本同岳本同嘉靖本同考文引足利本同衞氏集說軌作軓考文引古本作范與範聲同盧文弨挍云古本范與範聲同是宋本足利本範與范聲同非按此軌字誤當作軓衞氏集說作軓與范聲同是也戴震考定此注亦如此各本並誤○按段玉裁云當作範與軓聲同

酌尸至乃飲惠棟挍宋本無此五字

僕立於右閩監毛本同惠棟挍宋本於作在衞氏集說同續通解同

祭徧乃自飲閩本作偏惠棟挍宋本同衞氏集說同此本徧字闕監毛本徧誤畢

祭兩軹祭軌閩監毛本同惠棟挍宋本軌作軓下不濡軌並同按此作軓是作軌誤也下大御云軓但式前之軓不濡軓並同

大御云軌也閩監毛本同惠棟挍宋本御作馭軌作軓是

謂式前之範 閩監毛本同段玉裁校本範作軓

若轂末之軌則車旁著九 閩監本同衞氏集說同毛本九誤凡下亦車旁著九同

其車轍亦謂之軌 惠棟校宋本作轍衞氏集說同此本轍誤撤閩本同監毛本轍作徹

凡羞節 惠棟云凡羞節宋本分小子至立飲爲一節凡洗必盥爲一節牛羊之肺至提心爲一節凡羞至以齊爲一節爲君至本末爲一節羞首至祭耳爲一節尊者至嘗羞爲一節牛與至柔之爲一節其有折俎至尸則坐爲一節

腴有似於人穢 惠棟校宋本有於字宋監本同岳本同嘉靖本同衞氏集說同此本於字脫閩監毛本同釋文出濊云本又作穢○按依說文當作薉从艸歲聲

卑不得與賓介具備禮容也 閩監毛本同考文云宋板具作俱足利本同岳本同嘉靖本同衞氏集說同通解同

先自絜也　惠棟按宋本亦作絜宋監本同閩本同岳本同嘉靖本同衛氏集說同監毛本絜作潔俗字

剉離之不絕中央少者　閩監本同岳本同嘉靖本同衛氏集說同毛本剉誤到絕字同惠棟按宋本剉字同絕作終非是

凡羞有湆者　各本同石經同按毛氏居正云湆肉汁也从泣聲也从月義也非从聲音之音也各本俱作湆誤

爲君子擇葱薤　閩監毛本同石經同岳本同嘉靖本同衛氏集說同惠棟按宋本薤作韰釋文出葱韰下切葱若薤同○按韰正字薤俗字

禨者　閩本同石經同嘉靖本同衛氏集說同監毛本禨誤禨岳本同釋文出禨者

以醯與葷菜淹之　各本同釋文葷作焄

亦爲柄尺之類也　惠棟按宋本作柄尺岳本同嘉靖本同考文引古本足利本同此本柄尺二字

倒閩監毛本同衛氏集說同釋文出柄尺

左手嚌之惠棟挍宋本同岳本同嘉靖本同衛氏集說同閩監毛本嚌誤齊

凡羞至則坐閩監本同毛本坐誤祭惠棟挍宋本無此五字

故君子但食他處閩本同惠棟挍宋本同監毛本但誤俱

凡飲酒必洗爵閩監毛本同考文引宋板必作是非也

執幕者升自西階閩監毛本同惠棟挍宋本幕作冪衛氏集說同

折謂折骨體於俎也惠棟挍宋本謂上有俎字此本脫閩監毛本同衛氏集說作折俎者

折骨體於俎也

若折俎爲尊惠棟挍宋本折上有有字衛氏集說同此本有字脫閩監毛本同

而後報切之爲膾也閩本同惠棟挍宋本同監毛本報作細衛氏集說後報作復細

其未有燭節

而後至者惠棟挍宋本而下有有字宋監本同石經同岳本同衞氏集說同考文引古本足利本同此本誤脫閩監毛本同嘉靖本同石經考文提要宋大字本宋本九經南宋巾箱本並有有字

其未至不歌惠棟挍宋本無此王字

謂已在於坐者閩監毛本同惠棟挍宋本者下有也字衞氏集說同

故道示之惠棟挍宋本如此此本示誤亦閩監本同毛本道示誤亦道

故爲獻主也閩監毛本同惠棟挍宋本故下有云字衞氏集說同

以燭乃授已執事之人考文引宋板作事此本執事誤執執閩監毛本事作燭衞氏集說作乃以燭授執事之人也

又各歌詩相顯惠棟挍宋本顯下有德字衞氏集說同此本德字脫閩監毛本同

所以殺於三事 閩監毛本同衞氏集說於作此

洗盥節

示不敢歆臭也 各本同釋文出不歆無敢字又出臭之也作之

洗盥至而對 惠棟挍宋本無此五字

謂不鼻嗅尊長飲食也 惠棟挍宋本不下有以字作嗅此本以字脫嗅誤臭閩監毛本同

爲人祭節

此皆致祭祀之餘於君子 惠棟挍宋本子下有也字宋監本岳本同嘉靖本同衞氏集說同此本也字脫閩監毛本同

以授使者于阼階之南南面 閩監毛本同石經同岳本同嘉靖本同衞氏集說同陳澔集說

本脫一南字石經考文提要云宋大字本宋本九經南宋巾箱本余仁仲本劉叔剛本並有兩南字

折九箇 惠棟挍宋本箇作个宋監本同石經同釋文同岳本同嘉靖本同衞氏集說同考文引古本足利本同此本个作箇閩監毛本同下七箇五箇及疏並同

爲人至五箇 惠棟挍宋本無此五字

其禮大牢 惠棟挍宋本同閩監毛本大作太下若得大牢同

明所膳數也 惠棟挍宋本膳下有禮字衞氏集說同此本誤脫閩監毛本同

右邊已祭 閩監本同毛本已作以

九箇者 惠棟挍宋本箇作个下七箇五箇並同

則膳羊左肩 閩監毛本同衞氏集說同惠棟挍宋本肩下有也字

亦用五箇以爲膳也 惠棟挍宋本作亦此本亦誤以閩監毛本同

國家靡敝節

則車不雕幾　各本同石經同釋文雕作彫

貝冑朱綅　岳本同嘉靖本同衛氏集說同考文引宋板同閩監毛本貝誤具

國家至常秝　惠棟挍宋本無此五字

云以組飾者　惠棟挍宋本飾下有之字此本之字脫閩監毛本同

附釋音禮記注疏卷第三十五終　惠棟挍宋本卷第四十五終記云凡二十五頁宋監本禮記卷第十經三千七百一十三字注五千四百四十七字嘉靖本禮記卷第十經四千二十字注六千三百八字

禮記注疏卷三十五挍勘記

附釋音禮記注疏卷第三十六

學記第十八 ○陸曰鄭云學記者以其記人學教之義 疏 正義曰按鄭目録云名曰學記者以其記人學教之義此於別録屬通論

禮記　鄭氏注　孔穎達疏

發慮憲求善良足以謏聞不足以動衆 憲法也言發計慮當擬度於法式也求謂招來也謏之言小也動衆謂師役之事○憲音獻謏思了反徐所穆反聞音問聲聞度大各反

就賢體遠足以動衆未足以化民 就謂躬下之體猶親也○下戸嫁反

君子如欲化民成俗其必由學乎 所學者聖人之道在方策○策初革反○疏 發慮至學乎○正義曰此一節明雖有餘善欲化民成俗不如學之爲重○發慮憲者發謂起發慮謂謀慮憲謂法式也言有人不學而起發謀慮終不動衆舉動必能擬度於法式故云發慮憲○求善良者良亦善

也又能招求善良之士○足以謏聞者謏之言小聞聲聞也言不學之人能有片識謀慮法式求善以自輔此是人身上小善故小有聲聞也○不足以動衆者衆謂師役也雖有以小善恩未被物若御軍動衆則不能故云不足以動衆也○就賢體遠者賢謂德行賢良屈下從就之遠謂才藝廣遠心意能親愛之也○足以動衆者以恩被於外故足以動衆也未足以化民者雖復恩能動衆識見猶淺仁義未備故未足以化民也○君子如欲化民成俗者君謂君於上位子謂子愛下民謂天子諸侯及卿大夫欲教化其民成其美俗非學不可故云其必由學乎學則博識多聞知古知今既身有善行示民軌儀故可以化民成俗也○注憲法也言發計慮當擬度於法式也求謂招求也謏之言小也動衆謂師役之事言○正義曰憲法釋詁文謏之言小也言謏音近小故云謏之言小也云動衆謂師役之事者動衆以與化民相對化民事難動衆稍易故知是師役之事○注所學者聖人之道在方策○正義曰鄭恐所學惟小小才藝之事故云所學者聖人之道以其化民成俗非聖人之道不可云在方策者下篇文武之道布在方策是也○

玉不琢不成器人不學不知道是故古之王者建國君民

教學爲先謂內則設師保以教使國子學焉外則有大學庠序之官○琢丁角反治玉曰琢大音泰後大學皆同○兌命曰念終始典于學其此之謂乎典經也言學之不舍業也兌當爲說字之誤也高宗夢傳說求而得之作說命三篇在尚書今亡○兌依注作說音悅下兌命放此舍音捨兌當徒外反

〔疏〕玉不至謂乎○正義曰此一節論喻學之爲美故先立學之事○王者建國君民教學爲先者建國謂建立其國君民謂君長其民內則設師保外則設庠序以教之故云教學爲先○兌命曰念終始典于學者記者明教學事重不可暫廢故引兌命以證之言殷相傳說告高宗云意恒思念從始至終習經典於學也○其此之謂乎者言此經所謂教學爲先則兌命念終始典于學也○注典經至今亡○正義曰典經也釋言文學不舍業即經云終始思念經典是不舍業也言高宗夢傳說者書序云高宗夢得說作說命三篇高宗殷王武丁其德高可尊故號高宗其事具尚書篇見在鄭云今亡者鄭不見古文尚書故也

雖有嘉肴弗食不知其旨也雖有至道弗學不知其善也旨美也○肴戶交反是

故學然後知不足教然後知困學則睹己行之所短教則見己道之所未達○睹丁古反行下孟反下注德行同知不足然後能自反也知困自反求諸己也自强脩業然後能自强也故曰教學相長也不敢倦○强其丈反又其良反下注同長丁兩反下注長穉長者皆同○兌命曰學學半其此之謂乎言學人乃益己之學半○學學上胡孝反下如字學人胡孝反又音教○〔疏〕雖有至謂乎○正義曰此一節明教學相益○雖有嘉肴弗食不知其旨也者嘉善也旨美也雖有嘉美之肴兼陳列于前若不食即不知其肴之美也○雖有至道弗學不知其善也者至謂至極雖有至極大道若不學則不知大道之善○是故學然後知不足之者若不學之時諸事蕩然不知己身何長何短若學則知己之所短有不足之處也○教然後知困者不教之時謂己諸事皆通若其教人則知己有不通而事有困蔽困則甚於不足矣○知不足然後能自反也者凡人皆欲嚮前相進既知不足然後能自反嚮身而求諸己之困故反學矣○知困然後能自强也者凡人多有解怠既知

困弊然後能自强學其身不復解怠也○故曰教學相長也者謂教能長益於善教學之時然後知已困而乃强之是教能長學善也學則道業成就於教益善是學能相長也但此禮本明教之長學兌命曰學學半者上學爲教音斅下學者謂習也謂學習也言教人乃是益已學之半也說命所云其此之謂乎言學習不可暫廢故引說命以證之言恒思念從始至終習禮典于學也○古之教者家有塾黨有庠術有序國有學術當爲遂聲之誤也古者仕焉而已者歸教於閭里朝夕坐於門門側之堂謂之塾周禮五百家爲黨萬二千五百家爲遂黨屬於鄉遂在遠郊之外○塾音孰一音育術音遂出注○比年入學學者每歲來入也○中年考校中猶間也鄉遂大夫間歲則考學者之德行道藝周禮三歲大比乃考焉○中徐丁仲反注同間間側之間下同比毗志反○一年視離經辨志三年視敬業樂羣五年視博習親師七年視論學取友謂之小成九年知類通達强立而不反謂之

大成 離經斷句絕也辨志謂別其心意所趣鄉也知類知事義之比也強立臨事不惑也不反不違失師道○樂五孝反又音嶽下不能樂學同斷句丁亂反別彼列反趣七住反鄉許亮反比必履反一音必利反○ 夫然
後足以化民易俗近者說服而遠者懷之此
大學之道也 懷來也安也○說音悅 記曰蛾子時術之其
此之謂乎 蛾蚍蜉也蚍蜉之子微蟲耳時術蚍蜉之所爲其功乃復成大垤○蛾魚起反注同本或作蟻
蚍音毗蜉音孚爾雅云蚍蜉大蟻復扶又反垤大結反毛詩傳云蟻冢也 〔疏〕 古之至謂乎○正義曰此一節明國
家立庠序上下之殊并明入學年歲之差○古之教者謂上代也○家有塾者此明學之所在周禮百里之內二十五家
爲閭同共一巷巷首有門門邊有塾謂民在家之時朝夕出入恒受教於塾故云家有塾白虎通云古之教民百里皆有
師里中之老有道德者爲里右師其次爲左師教里中之子弟以道藝孝悌仁義也○黨有庠者黨謂周禮五百家也庠
學名也於黨中立學教閭中所升者也○術有序者術遂也周禮萬二千五百家爲遂遂有序亦學名於遂中立學教黨

學所升者也國有學者國謂天子所都及諸侯國中也周禮天子立四代學以教世子及羣后之子及鄉中俊選所升之士也而尊魯亦立四代學餘諸侯於國但立時王之學故云國有學也○比年入學者比年謂每年也謂年年恒入學也○中年考校者中猶間也謂每間一歲鄉遂大夫考校其藝也○一年視離經辨志者謂學者初入學一年鄉遂大夫於年終之時考視其業離經謂離析經理使章句斷絶也○辨志謂辨其志意趣鄉習學何經矣○三年視敬業樂羣者謂學者入學三年考校之時視此學者敬業謂藝業長者敬而親之樂羣謂羣居朋友善者願而樂之○五年視博習親師者言五年考校之時視此學者博習謂廣博學習也親師謂親愛其師○七年視論學取友者言七年考校之時視此學者論學謂學問嚮成論説學之是非取友謂選擇好人取之為友謂之小成者比六年已前其業稍成比九年之學其業小故曰小成○九年知類通達強立而不反者謂九年考校之時視此學者言知義理事類通達無疑强立謂專强獨立不有疑滯而不反謂不違失師教之道謂之大成此大學之道也者言如此所論是大學賢聖之道理非小學技藝耳○記曰蛾子時術之者謂舊人之記先有此語記禮者引舊記之言故云蛾子時術之蟻子小蟲蚍蜉之子時時術學銜土之事而

成大垤猶如學者時時學問而成大道矣記之所云其此學問之謂乎○注術當爲遂聲之誤也古者仕焉而已者歸教於閭里至在遠郊之外○正義曰此云術周禮作遂者此記與黨連文故知術當爲遂以聲相近而錯誤也云古者仕焉而已者歸教於閭里朝夕坐於門者已猶退也謂仕年老而退歸者案書傳說云大夫七十而致仕而退老歸其鄉里大夫爲父師士爲少師新穀已入餘子皆入學距冬至四十五日始出學上老平明坐於右塾庶老坐於左塾餘子畢出然後皆歸夕亦如之云門側之堂謂之塾者爾雅釋宮文引周禮者證黨遂之異案周禮六鄉之内五家爲比五比爲閭四閭爲族五族爲黨○爲州五州爲鄉六遂之内五家爲鄰五鄰爲里四里爲酇五酇爲鄙五鄙爲縣五縣爲遂今此經六鄉舉黨六遂舉序則餘閭里以上皆有學可知故此注云歸教於閭里其比與鄰近止五家而已不必皆有學云遂在遠郊之外者案周禮遂人掌野之官百里之外故知遂在遠郊之外鄭注州長職云序州黨之學則黨學曰序此云黨有庠者鄉學曰庠故鄉飲酒之義云主人拜迎賓于庠門之外注云庠鄉學也州黨曰序此云黨有庠者是鄉之所居黨爲鄉學之庠不别立序凡六鄉之内州學以下皆爲庠六遂之内縣學以下皆爲序也皇氏云遂學曰庠與此文違其義非也庾

氏云黨有庠謂夏殷禮非周法義或然也○注中猶間也鄉遂大夫間歲則考學者之德行道藝周禮三歲大比乃考焉○正義曰間年謂下一年三年五年七年之類是也云鄉遂大夫間歲則考學者計學者入學多少之間歲非是鄉遂大夫間歲三年入學也云周禮三歲大比乃考焉者鄭引周禮三年大比考校則此中年考校非周禮也故周禮鄉大夫職云三年大比而興賢者能者皇氏云此中年考校亦周法非也皇氏又以此中年考校謂鄉遂學也下文云一年視離經辨志以下皆謂國學亦非也但應入大學者自國家考校之耳其未入大學者鄉遂大夫考校也○注蛾蚍蜉也蚍蜉之子按釋蟲云蚍蜉大螘小者螘是蟻爲蚍蜉大者又云蟻子故云蚍蜉之子也○

大學始教皮弁祭菜示敬道也 皮弁天子之朝朝服也祭菜禮先聖先師菜謂芹藻之屬○朝朝並直遥反芹音勤藻音早○

宵雅肄三官其始也 宵之言小也肄習也習小雅之三謂鹿鳴四牡皇皇者華也此皆君臣宴樂相勞苦之詩爲始學者習之所以勸之以官且取上下相和厚○宵音消肄本又作肆同以二反注同樂音洛勞力告反又如字爲于僞反

入學鼓篋孫其業也 鼓篋擊鼓警衆

乃發篋出所治經業也孫猶恭順也○篋古協反孫音遜注及下皆同警京領反○夏楚二物收其威也夏稻也楚荆也二者所以撲撻犯禮者收謂收斂整齊之威威儀也○夏古雅反注同稻吐刀反爾雅云稻山榎撲普卜反倘書云作教刑撻他達反○未卜禘不視學游其志也禘大祭也天子諸侯既祭乃視學考校以游暇學者之志意○禘大計反游音由本亦作游暇戶嫁反舊古雅反○時觀而弗語存其心也使之悱悱憤憤然後啓發也○語魚庶反悱芳鬼反憤扶粉反一本直作悱憤幼者聽而弗問學不躐等也學教也教之長稺○學胡孝反注同躐音里輒反稺直吏反○此七者教之大倫也倫理也自大學始教至此其義七也記曰凡學官先事士先志其此之謂乎官居官者也士學士也○〔疏〕大學至謂乎○正義曰此一節明天子諸侯教學大理凡有七種各依文解之○大學始教者大學謂天子諸侯使學者入大學習先王之道矣熊氏云始教謂始立學教皮弁祭菜者謂天子使有司服皮弁祭先聖

先師以蘋藻之菜也○示敬道也者崔氏云著皮弁祭菜蔬並是質素示學者以謙敬之道矣注祭菜至先師正義曰熊氏云以注禮先聖先師之義解經始教謂始立學也若學士春始入學唯得祭先師故文王世子云春官釋奠于其先師秋冬唯祭先師已不祭先聖故大胥春釋菜合舞鄭云釋菜禮先師是春始入學不祭先聖也皇氏云以爲始教謂春時學始○入學也其義恐非○宵雅肄三官其始也宵小也肄習也當祭菜之時便歌小雅習其三篇鹿鳴四牡皇皇者華取其上下之官勸其始學之人使上下順序也故云官其始也亦謂以官勸其始也○注宵之至和厚○正義曰宵音近小故讀從小按鄉飲酒禮燕禮皆歌鹿鳴四牡皇皇者華又襄四年穆叔如晉歌小雅三篇故知鹿鳴四牡皇皇者華也云爲始學者習之所以勸之以官者小雅三篇皆君臣燕樂及相勞苦今爲學者歌之欲使學者得爲官與君臣相燕樂各自勸勵故云所以勸之以官也此云始者謂學者始來入學故云始入學習之也○入學鼓篋孫其業也○入學謂學士入學之時大胥之官先擊鼓以召之學者既至發其篋篋以出其書故云鼓篋也所以然者欲使學者孫其業謂恭順其所持經業○注鼓篋至業也○正義曰鼓謂擊鼓故大胥云用樂者以鼓徵學士文王世子云大昕鼓徵所以警衆也文王

世子云謂天子視學之時擊鼓警衆也若是凡常入學用樂及爲祭祀用樂者以鼓徵學士是也○夏楚二物收其威也學者不勤其業師則以夏楚二物以笞撻之所以然者欲令學者畏之收斂其威儀也○注夏稻至禮者○正義曰爾雅釋木云稻山榎郭景純云今之山楸盧氏云撲作教刑是撲撻犯禮者○未卜禘不視學游其志也○皇氏云禘大祭在於夏天子諸侯視學之時必在禘祭之後未卜禘謂未爲禘也禘是大祭必先卜故連言之是未爲禘祭不視學所以然者欲游其學者之志謂優游縱暇學者之志不欲急切之故禘祭之後乃視學考校優劣焉○注禘大至考校○正義曰禘大祭爾雅釋天文云天子諸侯既祭乃視學者謂於夏祭之時既爲禘祭之後乃視學考校當祭之年故云未卜禘不視學若不當禘祭之年亦待時祭之後乃視學也此視學謂考試學者經業或君親往或使有司爲之非天子大禮視學也若大禮視學在仲春仲秋及季春故文王世子云凡大合樂必遂養老注云大合樂謂春入學舍菜合舞秋頒學合聲於是時也天子則視學焉月令季春大合樂天子幸三公九卿而視學焉與此別也視學既在夏祭之後則天子春秋視學亦應在春秋時祭之後此擧未卜禘不視學則餘可知也熊氏云此禘謂夏正郊天視學謂仲春視學若郊天則不視

學若如熊氏義禮不王不禘鄭注何得云天子諸侯既祭乃視學既連諸侯言之則此禘非祭天熊說非也○時觀而弗語存其心也者時觀謂教者時時觀之而不丁寧告語所以然者欲使學者存其心也既不告語學者則心憤憤口悱悱然後啓之學者則存其心也○幼者聽而弗問○教學之法若有疑滯未曉必須問師則幼者但聽長者解說不得輒問推長者諮問幼者但聽之耳○學不躐等也者學教也躐踰越也言教此學者令其謙退不敢踰越等差若其幼者輒問不推長者則與長者抗行常有驕矜今唯使聽而不問故云學不躐等也○此七者教之大倫也者倫理也言前七等之事是教學大理也○記曰至謂乎引舊記結上七事凡學謂學爲官學爲士者官先事士先志者若學爲官則先教以居官之事若學爲士則先喻教以學士之志故先七事皆是教學居官及學士者○其此之謂乎者記者所云其此在上七事之謂乎

大學之教也時教必有正業退息必有居有居有常居也學不學操縵不能安弦操縵雜弄○操七刀反注同縵末但反雜徂合反不學博依不能安詩博依廣譬喻也依或爲衣○依於豈反注皆同不

學雜服不能安禮雜服冕服皮弁之屬雜或爲雅不興其藝不能樂學興之言喜也歆也藝謂禮樂射御書數○興虛應反歆許金反故君子之於學也藏焉脩焉息焉遊焉藏謂懷抱之脩習也息謂作勞休止之爲息遊謂閒暇無事之爲遊○閒音閑夫然故安其學而親其師樂其友而信其道是以雖離師輔而不反。兌命曰敬孫務時敏厥脩乃來其此之謂乎敬孫敬道孫業也敏疾也厥其也學者務及時而疾其所脩之業乃來○樂其音嶽又音洛又五孝反離力智反○〔疏〕大學至謂乎○正義曰此一節論教學之道必當優柔寬緩不假急速遊息孫順其學乃成○大學之教也時者言教學之道當以時習之○教必有正業者正業謂先王正典非諸子百家是教必用正典教之也退息必有居者退息謂學者疲倦而暫休息有居謂學者退息必有常居之處各與其友同居得相諮決不可雜濫也○學不學操縵不能。弦者此以下並正業積漸之事也此教樂也樂主和故在前然後須以積漸故操縵爲前也操縵者雜弄也弦琴瑟之屬學之須漸言人將學琴瑟若不先學調弦雜弄則手指不便手指不便則不能安正其弦先學雜弄然後音曲乃成也○不學博依不能安詩者此教詩法也詩是樂歌故次樂也博廣也依謂依倚也謂依倚譬喻也若欲學詩先依倚廣博譬喻若不學廣博譬喻則不能安善其詩以詩譬喻故也○不學雜服不能安禮者此教禮法也前詩後禮亦其次也雜服至皮弁至朝服玄端服屬之類禮謂禮之經也禮經正體在於服章以表貴賤今若欲學禮而不能明雜衣服則心不能安善於禮也不興其藝不能樂學者此總結上三事並先從小起義也興謂歆喜也故爾雅云歆喜興也藝謂操縵博依六藝之等若欲學詩書正典意不歆喜其雜藝則不能耽翫樂於所學之正道○故君子之於學也藏焉脩焉息焉游焉者故謂因上起下之辭學雖積漸故君子之人爲學之法恒使業不離身藏謂心常懷抱學業也脩謂脩習不能廢也息謂作事倦息之時而亦在學也游謂閒暇無事游行之時亦在於學言君子於學無時暫替也夫然故安其學而親其師者此明親師愛友也然如此也若能藏脩游息無時暫替能如此者乃能安其所學業言安學業既深必知此是深由本師故至於親愛師也○樂其友者師既獲親而同志

之友亦被於樂重然前三年樂羣五年親師親師在樂羣之後而此前親後樂友者羣即友也爲義然也前明始學故樂友在前此明學業已成故親師爲首矣○而信其道者其道已道也既親師樂友已道深明心自說信不復虛妄一云信師友之道前安學故乃親師樂友後乃信道也○是以離師輔而不反也者輔即友也友主切磋是輔己之道深遠也離猶違也已道深明不復虛妄心自信之若假令違離師友獨在一處而講說不違反於師友昔日之意旨此則强立不反也○兌命曰者引尚書合結之○敬孫務時敏者此句結積習也當能敬重其道孫順學業而務習其時疾速行之故云敬孫務時敏敏猶疾速也○厥脩乃來者此句結親師敬道也厥其也若敬孫以時疾行不廢則其所脩之業乃來謂所學得成也所以尊師樂友其此之謂乎者兌命所云其此經之謂乎

○今之教者呻其佔畢多其訊呻吟也佔視也簡謂之畢訊猶問也言今之師自不曉經之義但吟誦其所視簡之文多其難問也呻或爲慕訊或爲訾○呻音申一音親吟也佔勑沾反視也訊字又作誶音信問也呻吟魚金反又作詅同難乃旦反訾才斯反又音紫言及于數其發言出說不首其義動云有所法象而已○數色住反進而

不顧其安務其所誦多不惟其未曉使人不由其誠由用也使學者誦之而爲之說不用其誠教人不盡其材材道也謂師有所隱也易曰兼三材而兩之謂天地人之道。其施之也悖其求之也佛。教者言非則學者失問施始移反下同悖布內反佛本又作拂扶弗反夫然故隱其學而疾其師苦其難而不知其益也隱不稱揚也不知其益若無益然。雖終其業其去之必速速疾也學不必解則亡之易。去如字又起呂反解胡買反忘亡亮反之易以豉反下文注皆同音。教之不刑其此之由乎刑猶成也〔疏〕今之至由乎。正義曰此一節論教者違法學者所以不成是今師之失故云今之教者。呻其佔畢者此明師惡也呻吟也佔視也畢簡也故釋器云簡謂之畢言今之師不曉經義但詐。吟長詠以視篇簡而已多其訊者訊問難也既自不曉義理而外不肯默然故假作問難詐了多疑言若已有解之然也。言及于數者數謂法象既不解義理若有所言而輒詐稱有法象也。進而不顧其安者務欲前進誦習使多而不曾反顧其義理之安不謂義理危辟而不自知也。使人不由其誠者人謂學者也由用也誠忠誠使學者誦文而已爲之說義心皆不曉而猛淚是不用己之忠誠也。教人不盡其材者材道也謂已既不曉其義而縱有所悟者又不能多恒恐人勝之故凡有所知又爲所隱惜不盡其道也。其施之也悖者謂教者有上五者之短故施教於人違背其理也。其求之也佛者佛戾也教者。佛戾也。教者既背違其理其學者求之則又違戾受學者心既不解求問於師師又不曉違戾義意也。夫然故隱其學而疾其師者由師教既悖而受者又違故受學者弟子不荷師教之德乃隱沒其師之學而憎疾其師也苦其難而不知其益也者師說既不曉了故弟子受之苦其難既難不解故不自知其有益。雖終其業其去之必速者學者勉力自強雖得終竟其業爲心不曉解其亡去之必速疾矣。教之不刑其此之由乎者刑猶成也言師教弟子不成由此在上諸事故云其此之由乎其此之由在上謂此經文也以例推之前文云其此之謂乎則是他書所云其此經之謂乎。注其發至而已。正義曰其發言出說不有其義者首猶本也教者爲弟子發言出說不本其義理謂不解此義之言也云動云有所法象而已者既不解義理舉動所云則言此義有所法象猶若一則稱配大一二則稱配二儀但本義不然浪爲配當○注務其至未曉○正義曰務其所誦多者謂師務欲得所誦使多釋經進也云不惟其未曉者惟思也不思其誦得未曉解者釋經不顧其安也○注使學至其誠○正義曰使學者解經使人也而爲之說解經不用其誠也言師爲學者而說不用其忠誠實之心以心不解誑惑學者○注材道至之道○正義曰鄭恐材是材藝故以材爲道道謂道理言教人道理引易曰者易說卦文也但伏羲書上法天下法地中法人謂之三材說卦云立天之道曰陰與陽立地之道曰柔與剛立人之道曰仁與義三材各有其兩故云兼三材而兩之而有六爻也鄭引之證材爲道也注教者至失問○正義曰教者言非是其施之也悖學者失問是其求之也佛○

大學之法禁於未發之謂豫未發情慾未生謂年十五時○禁居鴆反欲音慾當其可之謂時可謂年二十時成人不陵節而施之謂孫不陵節謂不教長者才者以小教幼者鈍者以大也施猶教也孫順也○鈍徒困反相觀而善之謂摩不並問則教者思專也摩相切磋也○摩莫波反徐亡髮反思息吏反磋七多反此四者教之

所由興也興起也。【疏】大學至由興也。正義曰此一節論教之得理則教興也。禁於未發之謂豫者發謂情慾發也豫逆也十五以前情慾未發則用意專一學業易入爲教之道當逆防未發之前而教之故云禁於未發之謂豫。當其可之謂時者可謂年二十之時言人年至二十德業已成言受教之端是時最可也。不陵節而施之謂孫者陵猶越也節謂年才所堪施猶教也孫順也謂教人之法當隨其年才若年長而聰明者則教以大事而多與之若年幼又頑鈍者當教以小事又與之少是不越其節分而教之所謂孫順也從其人而設教也。相觀而善之謂摩者善猶解也受學之法言人人競問則師思不專故令弟子共推長者能者一人諮問餘小不能者但觀聽長者之問荅而各得知解此朋友琢磨。之益故謂之摩也。此四者教之所由興也者結上四者與起也四事並是教成之所起也

○發然後禁則扞格而不勝教不能勝其情慾格讀如凍洛之洛扞堅不可入之貌。扞胡半反注同格胡客反又戶隔反扞格不入也注同勝音升又升證反洛胡客反下同此二字並從洛或水旁作非一音戶各反 時過然後學則勤苦而難成時過則思放也。過

姑卧反。雜施而不孫則壞亂而不脩小者不達大者難識學者所惑也。壞音怪徐戶拜反。獨學而無友則孤陋而寡聞不相觀也燕朋逆其師燕猶褻也褻其朋友。燕音鷰褻息列反下同燕辟廢其學褻師之譬喻。辟音譬注及下罕辟同。此六者教之所由廢也廢滅

疏發然至廢也。正義曰此一節論學不依理教之廢耳。發然後禁則扞格而不勝者發謂情欲既生也扞謂拒扞也格謂堅強若情欲既發而後乃禁教則扞格於教教之不復入也是教弱而欲強爲教不勝矣。時過然後學則勤苦而難成者。時過謂學時已過則心情放蕩雖欲追悔欲學精明已散徒勤苦四體終難成也。雜施而不孫則壞亂而不脩者雜施謂教雜亂無次越節則大才輕其小業小才苦其大業並是壞亂之法不可復脩治也。獨學而無友則孤陋而寡聞者獨學謂獨自習學而無朋友言有所疑無可諮問則學識孤偏鄙陋寡有所聞也。燕朋逆其師者以前四條皆反上教之所興此燕朋燕譬特加二條不與上相對燕朋謂燕褻朋友不相遵敬則違逆師之教道也。燕譬廢其學者譬譬喻

也謂義理鉤深或直言難曉時須假設譬喻然後可解而墮學之徒好褻慢笑師之譬喻是廢學之道也○此六者教之所由廢也者結上六事是廢學之由前興有四後廢有六者庾云不褻朋友及師之譬喻自是學者之常理若不爲燕朋燕譬則亦不足以致興言若作此燕燕朋燕燕譬則學廢替矣○注格讀至之洛○正義曰言格是堅彊譬如地之凍則堅彊難入故云如凍洛之洛○但今人謂地堅爲洛也○君子既知教之所由興又知教之所由廢然後可以爲人師也故君子之教喻也道而弗牽强而弗抑開而弗達道示之以道塗也抑猶推也開爲發頭角○道音導注道示及下同强沈其良反徐其兩反下同爲于僞反下爲學者同道而弗牽則和强而弗抑則易開而弗達則思和易以思可謂善喻矣思而得之則深【疏】君子至喻矣○正義曰此一節明君子教人方便善誘之事○故君子之教喻也道而弗牽者喻猶曉也道猶示也牽謂牽偪師教既識學之廢興故教

喻有節使人曉解之法但廣開道示語學理而已若人苟不曉知亦不偪急牽令速曉也○強而弗抑者抑推也謂師微勸學者使神識堅強師當隨才而與之使學者不甚推抑其義而教之○開而弗達者開謂開發事端但爲學者開發大義頭角而已亦不事事使之通達也○道而弗牽則和者此下三句釋上三事之所由也若人苟不曉而牽偪之則彼心必生忿恚師與弟子不復和親今若但示正道寬柔教之則彼心和而意乃覺悟也○強而弗抑則易者賀氏以爲師但勸強其神識而不抑之令曉則受者和易和易亦易成也○開而弗達則思者但開發義理而不爲通達使學者用意思念所得必深故云則思也○和易以思可謂善喻矣者結○上三事之功若師能教弟子如此三事則可謂善教喻矣○

學者有四失教者必知之人之學也或失則多或失則寡或失則易或失則止此四者心之莫同也失於多謂才少者失於寡謂才多者失於易謂好問不識者失於止謂好思不問者○好呼報反下好思好述同○知其心然後能救其失也救其失者多與易則抑之寡與止則

進之

教也者長善而救其失者也

疏○學者至者也　正義曰此一節明教者識學者之心而救其失也故云學者有四失教者必先知之人之學也或失則多者一失也假若有人才識淺小而所學貪多則終無所成是失於多也或失則寡者二失也或有人才識深大而所學務少徒有器識而終成狹局是失於寡少也或失則易者三失也至道深遠非凡淺所能而人不知思求唯好汎濫外問是失在輕易於妙道故云或失則易此是學而不思則罔○或失則止者四失也人心未曉知而不肯諮問惟但止住而自思之終不能達其實理此失在於自止也此是思而不學則殆○此四者心之莫同也者結前四失是由人心之異故也○知其心然後能救其失也者結救失四事師既前識其四心之不同故後乃能隨失而救之也教也者長善而救其失者也者使學者和易以思是長善使學者無此四者之失是救失唯善教者能知之

善歌者使人繼其聲善教者使人繼其志

言爲之善者則後人樂放傚○長丁丈反下文及注同教如字一本作學胡孝反放方往反傚胡教反○

其言也約而達微而臧罕譬而喻

可謂繼志矣師說之明則弟子好述之其言少而解臧善也○臧子郎反解胡買反下文注同○

〔疏〕善歌至志矣○正義曰此一節論教者若善則能使學者繼其志於其師也言學者繼師之志記者以善歌而比喻之故云善歌者使人繼其聲善歌謂音聲和美感動於人心令使聽者繼續其聲也○善教者使人繼其志者設譬既畢故述其事而言善教者必能使後人繼其志如善歌之人能以樂繼其聲如今人傳繼周孔是也○其言也約而達者此釋所以可繼之事言善爲教者出言寡約而義理顯達易解之○微而臧者微謂幽微臧善也謂義理微妙而說之精善也○罕譬而喻者罕少也喻曉也其譬罕少而聽者皆曉○可謂繼志矣者能爲教如上則可使後人繼其志意不繼聲而繼志者本爲志設故不繼聲也○

○君子知至學之難易而知其美惡然後能博喻能博喻然後能爲師能爲師然後能爲長能爲長然後能爲君美惡說之是非也長達官之長○惡烏路反又如字故師也者所以學爲君也弟子學於師學

爲君是故擇師不可不愼也師善則善記曰三王四代唯其師此之謂乎四代虞夏殷周

〔疏〕君子至謂乎○正義曰此一節明爲師法君子謂師也教人至極之美可以爲君長之事○君子知至學之難易者三王四代所以敬師隨器與之是至學之易隨失而救之是至學之難○而知其美惡者罕譬而喻言約而達是爲美反此則爲惡也○然後能博喻者博喻廣曉也若知四事爲主觸類長之後乃得爲廣有曉解也○能博喻然後能爲師者前能廣解後乃可爲人作師也○能爲師然後能爲長者爲師是學優學優宜仕故能爲一官之長也○能爲長然後能爲君者既能治一官之長有功能爲一國之君也○故師也者所以學爲君也胥雅肆三官其始也師既有君德則弟子就師可學爲君之德故前云君子如欲化民成俗其必由學乎即是學能爲君也○是故擇師不可不愼也者師善則能教弟子弟子則能爲君故弟子必宜愼擇其師不可取惡師也○記曰三王四代唯其師者引舊記結此擇師之重也三王謂夏殷周四代則加虞也言三王四代雖皆聖人而無不擇師爲愼故云唯其師庾云舉四代以兼包三王所以重言者以成其辭耳言人之從師自古而然師善則已善

其此之謂乎者記者證前云擇師不可不慎即此唯其師之謂也○凡學之道嚴師爲難嚴尊敬也師嚴然後道尊道尊然後民知敬學是故君之所不臣於其臣者二當其爲尸則弗臣也當其爲師則弗臣也尸主也爲祭主也○大學之禮雖詔於天子無北面所以尊師也尊師重道焉不使處臣位也武王踐阼召師尙父而問焉曰昔黃帝顓頊之道存乎意亦忽不可得見與師尙父曰在丹書王欲聞之則齊矣王齊三日端冕師尙父亦端冕奉書而入負屏而立王下堂南面而立師尙父曰先王之道不北面王行西折而南東面而立師尙父西面道書之言○顓音專項許玉反與音餘齊側皆反下同奉芳勇反折之設反

疏凡學至師也○正義曰此一節論師德既善雖天子以下必須尊師○是故君之所不臣於其臣者二者二謂當其爲尸及師則不臣也此文義在於師并言尸者欲見尊師與尸同○當其爲尸則弗臣也者若不當其時則臣之案鉤命決云暫所不臣

者五謂師也三老也五更也祭尸也大將軍也此五者天子諸侯同之此唯云尸與師者此經本意據尊師爲重與尸相似故特言之所以唯舉此二者餘不言也又按鈎命決云天子常所不臣者三唯二王之後妻之父母夷狄之君不臣二王之後者爲觀其法度故尊其子孫也不臣妻之父母者親與其妻共事先祖欲其歡心不臣夷狄之君者此政教所不加謙不臣也諸侯無此禮○大學之禮雖詔於天子無北面所以尊師也者此證尊師之義也此人既重故更言大學也詔告也雖天子至尊當告授之時天子不使師北面所以尊師故也○注尊師至之言○正義曰武王踐阼以下皆大戴禮武王踐阼篇也云黃帝顓項之道存乎意亦忽不可得見與者武王言黃帝顓項之道恒在於意言意恒念之但其道超忽已遠亦恍惚不可得見與與語辭今檢大戴禮唯云帝顓項之道無黃字或鄭見古本不與今同或後人足黃字耳云丹書者師說云亦雀所銜丹書也云端冕者謂袞冕也其衣正幅與玄端同故云端冕故皇氏云武王端冕謂袞冕也樂記魏文侯端冕謂玄冕也云師尚父亦端冕者案大戴禮無此文鄭所加也云西折而南東面者案大戴禮唯云折而東面此西折而南南字亦鄭所加云師尚父西面道書之言者皇氏云王在賓位師尚父主位故西面王庭之位君尋常

師徒之教則師東面弟子西面與此異也其丹書之言案大戴禮云其書之言曰敬勝怠者強怠勝敬者亡瑞書云敬勝怠者吉怠勝敬者滅義勝欲者從欲勝義者凶與瑞書同矣凡事不強則枉不敬則不正枉者滅廢敬者萬世以仁得之以仁守之其量百世以仁得之以不仁守之其量十世以不仁得之以不仁守之必傾其世王聞書之言惕然若懼退而爲戒書於席之四端爲銘及几鑑盂盤楹杖帶屨劍矛爲銘銘皆各有語在大戴禮也

善學者師逸而功倍又從而庸之不善學者師勤而功半又從而怨之從隨也庸功也功之受其道有功於己○善問者如攻堅木先其易者後其節目及其久也相說以解不善問者反此言先易後難以漸入○說音悅善待問者如撞鐘叩之以小者則小鳴叩之以大者則大鳴待其從容然後盡其聲不善荅問者反此從讀

如富父舂戈之舂舂容謂重撞擊也始者一聲而已學者既開其端意進而復問乃極說之如撞鐘之成聲矣從或爲松○撞丈江反叩音口從依注讀爲舂式容反父音甫重直用反復扶又反

此皆進學之道也

此皆善問善荅也○

〔疏〕善學至道也○正義曰此一節明善學及善問并善荅不善荅之事○善學者師逸而功倍者受者聰明易入是爲學之善故師體逸豫而弟子所解又倍於他人也○又從而庸之者庸亦功也所得既倍於他人故恒言我師特加功於我者是從而功之也○不善學者師勤而功半者此明劣者也已既闇鈍故師體勤苦而功裁半於他人也○又從而怨之者已既闇鈍而不自責已不明乃反怨於師獨不盡意於我也○善問者如攻堅木先其易者後其節目者此明能問者問謂論難也攻治也言善問之人如匠善攻治堅木先斫治其濡易之處然後斫其節目其所問師之時亦先問其易後問其難也○及其久也相說以解者言問者順理荅者分明故及其經久師徒共相愛說以解義理○不善問者反此者若闇劣不解問之人則與能問者意反也謂先問其難心且不解則荅問之人不相喜說義又不通也故云反此矣○善待問者如撞鐘叩之以小者則小鳴叩之以大者則大鳴者嚮明問此明荅也以爲設喻譬

善能荅問難者如鐘之應撞撞小則小鳴應之撞大則大鳴應之能荅問者亦隨彼所問事之大小而荅之○待其從容然後盡其聲者又以鐘爲喻也○不善荅問者反此者謂不善荅他所問則反此上來之事或問小而荅大或問大而荅小或暫問而說盡此皆無益於所問故云不善荅問者反此○此皆進學之道也者言上善問善荅此皆進益學者之道也○注從讀至之舂○正義曰舂謂擊也以爲聲之形容言鐘之爲體必待其擊每一舂而爲一容然後盡其聲言善荅者亦待其一問然後一荅乃後盡說義理也按左傳文十一年冬叔孫得臣敗狄於鹹獲長狄僑如富父終甥以戈摏長狄喉而殺之是也

○記問之學不足以爲人師記問謂豫誦雜難雜說至講時爲學者論之此或時師不必解或學者所未能問○難乃旦反必也其聽語乎必待其問乃說之○力不能問然後語之語之而不知雖舍之可也舍之須後○語魚據反下同舍音捨又如字下注同【疏】記問之至舍之可也○正義曰此一節論教者不可爲記問之學又教人之時不善教學者謂心未解其義而但逆記他人雜問而謂之解至臨時爲人解說則先

述其所記而示人以其不解無益學者故云不足以爲人師○必也其聽語乎者聽語謂聽其問者之語既不可記問遂說教人之時必待學者之問聽受其所問之語然後依問爲說之也○力不能問然後語之者若受業者才力苟不能見問待憤憤悱悱之間則師然後乃示語之矣○語之而不知雖舍之可也者弟子既不能問因而語之語之不能知且舍任待後別更語之可也○

良冶之子必學爲裘仍見其家錮補穿鑿之器也補器者其金冡乃合有似於爲裘○冶音也錮音固穿字又作穿音川鑿在洛反

良弓之子必學爲箕仍見其家撓角幹也撓角幹者其材宜調調乃三體相勝有似於爲楊柳之箕○箕音基注同撓而小反下同曲屈也一音乃孝反幹古旦反勝音升任也一本作稱尺證反

始駕馬者反之車在馬前以言仍見則貫即事易也○始駕者一本作始駕馬者貫古患反習也○

君子察於此三者可以有志於學矣仍讀先王之道則爲來事不惑

〔疏〕良冶至於學矣正義曰此一節論學者數見數習其學則善故三譬之此爲第一譬良善也冶謂鑄冶也○裘謂衣裘也言積

言。善治之家其子弟見其父兄世業鍜鑄金鐵使之柔合以補治破器皆令全好故此子弟仍能學爲袍裘補續獸皮片片相合以至完全也。良弓之子必學爲箕者此第二譬亦世業者箕柳箕也言善爲弓之家使幹角撓屈調和成其弓故其子弟亦覩其父兄世業仍學取柳和軟撓之成箕也。始駕馬者反之車在馬前者此第三譬明新習者也始駕者謂馬子始學駕車之時反之者駕馬之法大馬本駕在車前今將馬子繫隨車後而行故云反之車在馬前所以然者此駒既未曾駕車若忽駕之必當驚奔今以大馬牽車於前而繫駒於後使此駒日日見車之行其駒慣習而後駕之不復驚也言學者亦須先教小事操縵之屬然後乃示其業則道乃易成也。君子察於此三者可以有志於學矣者結上三事三事皆須積習非一日所成君子察此三事之由則可有志於學矣。

○古之學者比物醜類以事相況而爲之醜猶比也醜或爲之。計鼓無當於五聲五聲弗得不和水無當於五色五色弗得不章學無當於五官五官弗得不治師無當於五服五服弗得不親當猶主也五服斬衰至緦麻之親。當丁浪反主也下及注皆同治直吏反。【疏】古之至不親。正義曰此一節論弟子當親師之事各依文解之。比物醜類者既明學者仍見舊事又須以時事相比方也物事也言古之學者比方其事以醜類謂以同類之事相比方則事學乃易成既云古學如斯則今學豈不然。鼓無當於五聲五聲弗得不和者。此經論師道之要以餘事譬之此以下四章皆上比物醜類也鼓革也當主也五聲宫商角徵羽言鼓之爲聲不宫不商故言無當於五聲而宫商等之五聲不得鼓則無諧和之節故云弗得不和也所以五聲必鼓者爲俱是聲類也若奏五聲必求鼓以和之而已即是比類也。水無當於五色五色弗得不章者水謂清水也五色青赤黄白黑章明也言清水無色不在五色之限無主青黄而五色畫繢者不得水則不分明故云弗得不章也五色是其水之出也故五色須水亦其類也。學無當於五官五官弗得不治者本學先王之道也五官金木水火土之官也夫學爲官之理本求博聞强識非主於一官而五官不得學則不能治故云弗得不治也故化民成俗必由學乎能爲師然後能爲君長故官是學之類也。師無當於五服五服弗得不親者師教之師也五服斬衰也齊衰也大功也小功也緦麻也師於弟子不當五服之一也而弟子之家若無師教誨則五服之情不相和親也故云弗得不親是師情有在三年之義故亦與親爲類。○**君子大德不官**謂君也。**大道不器**謂聖人之道不如器施於一物**大信不約**謂若胥命于蒲無盟約。約徐於妙反洗于畧反注同。**大時不齊**或時以生或時以死。齊如字**察於此四者可以有志於學矣**本立而道生言以學爲本則其德於民無不化於俗無不成。**三王之祭川也皆先河而後海或源也或委也此之謂務本**源泉所出也委流所聚也始出一勺卒成不測。原本又作源委於僞反注同勺時酌反〔疏〕君子曰至務本。○正義曰此一節論學爲泉事之本。○君子曰者記者引君子之言故云君子曰也大德不官者大德謂聖人之德也官謂分職在位者。聖人在上垂拱無爲不治一官故云大德不官也不官而爲諸官之本。大道不器者大道亦謂聖人之道也器謂物堪用者夫器各施其用而聖人之道弘大無所不施故云不器不器而爲諸器之本也論語云君子

不器又云孔子博學而無所成名是也。大信不約者大信
謂聖人之信也約謂期要也大信不言而信孔子曰寻欲無
言天何言哉四時行焉不言而信是夫信也大信本不為細
言約誓故云不約也不約而為諸約之本也大時不齊者大
時謂天時也齊謂一時同也天生殺不共在一時猶春夏華
卉自生薺麥自死秋冬草木自死而薺麥自生故云不齊也
不齊為諸齊之本也。察於此四者可以有志於本矣者結
之也若能察此在上四者之事則人當志學為本也庚云四
者謂不官為羣官之本不器為羣器之本不約為羣約之本
不齊為羣齊之本言四者莫不有本人亦以學為本也。三
王之祭川也皆先河而後海或源也或委也者言三王祭百
川之時皆先祭河而後祭海也或先祭其源或後祭其委河
為海本源為委本皆曰川也故摠云三王之祭川源委謂河
海之外諸大川也。此之謂務本者先祭本是務重其本也
本小而後至大是小為大本先學然後至聖是學為聖本也
。注謂若至盟約。正義曰案桓公三年夏薺俟衞俟胥命
于蒲左氏云不盟也杜云不歃血也案彼直以言語相告命
非大信之事引之者取其不盟之一邊而與此不約相當故
引證。注源泉至不測。正義曰皇氏以為河海之外源之
與委也今依用焉或解云源則河也委則海也申明先河而

後海義亦通矣云始出一勺卒成不測者中庸篇云水一勺之多及其不測鮫龍生焉是其始一勺也後至不測也猶言學初爲積漸後成聖賢也

附釋音禮記注疏卷第三十六

大清嘉慶二十年重栞
宋本十三經注疏附校勘記

江西南昌府學栞

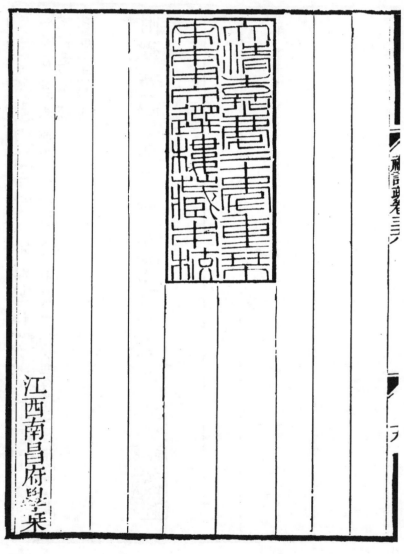

禮記注疏卷三十六挍勘記　阮元撰盧宣旬摘錄

附釋音禮記注疏卷第三十六　惠棟挍宋本卷第四十六

學記第十八

發慮憲節

發慮至學乎　惠棟挍宋本無此五字

注憲法也言發計慮當擬度於法式也求謂招來也謏之言小也動衆謂師役之事　閩監毛本同惠棟挍宋本作注憲法至之事無也言至師役廿七字

言謏音近小　閩監本同　毛本音誤者

玉不琢節

教學爲先 閩監本同石經同各本同毛本教誤敬

玉不至謂乎 惠棟按宋本無此五字

學不舍業卽經云 惠棟按宋本學上有言字此本言字脫閩監毛本同

高宗夢得說作說命 考文引宋板同閩監毛本得誤傳

雖有嘉肴節 惠棟按此節然後能自强强字起至下節七年視論學取友學字止宋本闕

雖有至謂乎 惠棟按宋本無此五字

是故學然後知不足之者 惠棟按宋本者上無之字閩本同監毛本之作也

古之教者節

中年考校 閩監本同石經同岳本同嘉靖本同衞氏集說同毛本校誤挍○按毛本作挍避所諱全書皆然

離經斷句絕也 各本同考文引古本足利本經下有章字按此以正義云章句斷絕故增章句其實

非也

古之至謂乎　惠棟挍宋本無此五字

朝夕出入恒受教於塾　惠棟挍宋本同衞氏集說同閩監毛本受作就

古之教民百里皆有師　閩監毛本同衞氏集說同盧文弨挍云百乃者字之譌

以教世子及羣后之子　閩監毛本同惠棟挍宋本無及字衞氏集說同

餘諸侯於國　閩監本同毛本諸誤者惠棟挍宋本無餘字衞氏集說同

引舊記之言　閩監本同毛本之誤者

注術當爲遂聲之誤也古者仕焉而已者歸教於閭里

至在遠郊之外　閩監毛本同惠棟挍宋本作注術當至之外無爲遂至遠郊二十二字

士爲少師　惠棟挍宋本同衞氏集說同閩監毛本少誤小

五族爲黨黨爲州　惠棟按宋本作五黨爲州毛本同衛氏集說同此本五黨二字脫閩監本同

序州黨之學　惠棟按宋本同衛氏集說同閩監毛本州誤周

注中猶閒也鄉遂大夫閒歲則考學者之德行道藝周禮三歲大比乃考焉　閩監毛本同惠棟按宋本作注中猶至考焉

大學始教節

二者所以撲撻　惠棟按宋本撲作扑岳本同嘉靖本同衛氏集說同釋文亦作扑此本誤撲閩監毛本同按九經字樣云扑說文作撲經典相承通用之段玉裁曰依說文當作攴隸變而爲扑撲與扑義別今人多溷而爲一

游其志也　各本同石經同釋文出斿其云本亦作游○按斿者游之省

以游暇學者之志意　各本同釋文游暇作斿假

大學至謂乎 惠棟挍宋本無此五字

謂春時學始入學也 補案始上當有士字

釋木云槄山榎 惠棟挍宋本同衞氏集說同閩監毛本擾誤擾

盧氏云撲作教刑 閩監毛本同惠棟挍宋本撲作扑按作扑是也下撲撻同

時觀而弗語存其心也者 監本毛本如此惠棟挍宋本無者字

若有疑滯未曉 閩本同監毛本曉作曉盧文弨挍云曉此卷內俱作曉可兩通

大學之教也節

不學愽依 閩本同釋文亦作愽監毛本愽作博是也石經同岳本同嘉靖本同衞氏集說同注疏放此下愽喻同

藏焉脩焉 閩監本同石經同岳本同衞氏集說同毛本脩作修嘉靖本同注疏放此下厥脩同壞亂而不脩同

樂其友而信其道各本同毛本道字誤倒在而字上

是以雖離師輔而不反惠棟挍宋本有也字宋監本同石經同岳本同嘉靖本同衛氏集說同考文引古本足利本同石經考文提要云宋大字本宋本九經南宋巾箱本余仁仲本並有也字此本也字脫閩監毛本同

大學至謂乎惠棟挍宋本無此五字

各與其友同居閩本同惠棟挍宋本同監毛本同字並誤閒衛氏集說同

學不學操縵不能弦者補各本弦上有安字

雜服至皮弁至朝服玄端服屬之類閩監毛本作雜服自衮而下至皮弁朝服元端之屬不誤

禮謂禮之經也惠棟挍宋本無之字此本之字誤衍閩監毛本同

則不能躭翫樂於所學之正道閩監本同考文引宋板同毛本樂於誤不字學

作習

然如此也　惠棟挍宋本作也此本也誤者閩監毛本同

若能藏脩游息游　補案息上游字誤衍

言安學業既深　閩本同惠棟挍宋本同監毛本學誤樂

必知此是深由本師　閩監毛本無是字

而此前親後樂友者　惠棟挍宋本親下有師字此本師字脫閩監毛本同

當能敬重其道　惠棟挍宋本同閩監毛本當作常

今之教者節

多其訊　各本同石經訊作誶

教人不盡其材　各本同石經初刻作才後改刻作材

今之至由乎　惠棟挍宋本無此五字

但詐吟長詠　惠棟挍宋本吟上有呻字此本呻字脫閩監本同毛本亦脫呻字詐又誤謳

皆不曉而猛浪　惠棟挍宋本同閩監毛本曉誤嘵猛誤孟

教者佛戾也　閩監毛本同惠棟挍宋本無此五字

教者既背違其理　閩監毛本同惠棟挍宋本背作悖

注教者至失問　閩本注字闕監毛本注作○

大學之法節　惠棟挍此節疏不越其節分而教之分字起至自是學者之常理自字止宋本闕

禾發情慾未生　閩監毛本同岳本同嘉靖本同惠棟挍宋本慾作欲衞氏集說同考文引古本同釋文出情慾云音欲下注情慾同○按欲正字慾俗字

大學至由興也 惠棟挍宋本無此六字

此朋友琢磨之益 閩監毛本同惠棟挍宋本磨作摩○按作摩是也段玉裁云摩擘之功精於礪研凡琢摩字從石作磨者非詳說文注

發然後禁節

教不能勝其情慾 監本毛本作慾宋監本作欲

格讀如凍洛之洛 各本同段玉裁云說文無洛有垎字水乾也玉篇土乾也王逸九思自注垎竭也則此注及疏洛皆當作垎

扞堅不可入之貌 閩監毛本同岳本同嘉靖本同衛氏集說同考文引古本足利本扞下有格字段玉裁挍云堅上當有格字按釋文出經文格云注同則知注有格字當在扞字下也

則孤陋而寡聞 閩毛本同嘉靖本同石經陋作陋岳本同監本同衛氏集說同

燕辟廢其學　閩監毛本同岳本同衛氏集説同石經辟作譬嘉靖本同考文引宋板及古本同○按譬正字辟假借字

廢滅　惠棟挍宋本如此宋監本同岳本同嘉靖本同考文引古本足利本同此本廢滅誤教弛閩本二字闕監毛本作廢弛衛氏集説同

發然至廢也　惠棟挍宋本無此五字

雖欲追悔欲學　閩監毛本同考文引宋板上欲作復

徒勤苦四體終難成也　閩監毛本同惠棟挍宋本終上有而字

獨學謂獨自習學　閩監毛本同惠棟挍宋本習學作學習

則學識孤偏鄙陋　監毛本同衛氏集説同閩本偏作徧惠棟挍宋本同

不相遵敬　閩監毛本同衛氏集説遵作尊

言格是堅彊 閩監毛本同惠棟挍宋本格作洛

故云如凍洛之洛但今人謂地堅爲洛也 閩監毛本同段玉裁云垎从土正義是釋文非也正義本作凍垎俗改爲凍洛

君子旣知教之所由興節

開爲發頭角 閩監本同岳本同嘉靖本同考文引宋板古本足利本同毛本爲誤謂衞氏集說同

君子至喻矣 惠棟挍宋本無此五字

善歌者節

則後人樂放傚 宋監本同惠棟挍宋本同閩毛本同岳本同嘉靖本同監本傚誤俲釋文傚下有也字衞氏集說同考文引古本傚下有之也二字

善歌至志矣 惠棟挍宋本無此五字

君子知至學之難易節

三王四代唯其師此之謂乎 石經同岳本同嘉靖本同閩監毛本唯作惟衛氏集說同陳澔集說唯字同此上有其字考文引古本足利本此上其字亦有盧文弨挍云據疏此上有其字石經考文提要宋大字本宋本九經南宋巾箱本余仁仲本並無其字

君子至謂乎 惠棟挍宋本無此五字

凡學之道節

昔黃帝顓頊之道存乎意 閩監本同岳本同嘉靖本同衛氏集說同毛本存誤有通典五十二亦作存

凡學至師也 惠棟挍宋本無此五字

以仁得之以不仁守之其量十世 閩監毛本同盧文弨挍云今大戴作以不

仁得之以仁守之其量十世

善學者節

善學至道也 惠棟按宋本無此五字

故恒言我師特加功於我者 閩毛本同監本特誤持惠棟按宋本者作也

心且不解則荅問之人 閩監毛本同惠棟按宋本荅問作問荅

以爲設喻譬善能荅問難者 閩本監本同惠棟按宋本以作亦毛本喻譬字誤倒

亦待其一問以 閩監本亦字同問誤間毛本問字同亦誤

記問之學節

記問之至舍之可也 閩本同監毛本作記問至可也惠棟按宋本八字無

良冶之子節

調乃三體相勝 閩本同惠棟挍宋本同宋監本同岳本同嘉靖本同衛氏集說同監毛本調誤謂

始駕馬者反之 閩監毛本同石經同岳本同嘉靖本同衛氏集說同釋文出始駕馬者云一本作始駕馬者按正義云始駕者謂馬子始學駕車之時出始駕者三字成句其所据經文亦當無馬字

良治至於學矣 惠棟挍宋本無此六字

言積言善治之家 惠棟挍宋本積言作積世衛氏集說同此本誤閩監本同毛本世誤習

則可有志於學矣 閩監毛本同衛氏集說同惠棟挍宋本矣作也

古之學者節

醜或爲之計 惠棟挍宋本無之字岳本同嘉靖本同衛氏集說同此本誤衍閩監毛本同段玉裁云計當作討古音討與醜同

古之至不覩 惠棟挍宋本無此五字

○此經論師道之要閩監本同毛本○此經作此一經

非主於一官惠棟挍宋本作主衞氏集說同此本主誤言閩監毛本同今正

君子曰節

或源也各本同石經同釋文出或原云本又作源

源泉所出也惠棟挍宋本作出宋監本同岳本同嘉靖本同衞氏集說同此本出誤求閩監毛本出誤來

君子至務本惠棟挍宋本無此五字

官謂分職在位者閩監毛本同考文引宋板無者字衞氏集說同

鮌龍生焉惠棟挍宋本同閩監毛本鮌作蚿

初爲積漸後成聖賢也閩監毛本同惠棟挍宋本聖賢作賢聖

附釋音禮記注疏卷第三十六終惠棟挍宋本卷第四十六終記云凡二十三頁

禮記注疏卷三十六挍勘記

傳古樓景印